Así que pasen treinta años

Javier Marías

Así que pasen treinta años

Papel certificado por el Forest Stewardship Council®

Primera edición: octubre de 2025

Printed in Spain – Impreso en España

ISBN: 979-13-87846-03-9
Depósito legal: B-14540-2025

Compuesto en MT Color & Diseño, S. L.
Impreso en Gómez Aparicio, S. L., Casarrubuelos (Madrid)

AL46039

Índice

Nota del editor

El pasado 11 de septiembre se cumplieron tres años de la muerte de Javier Marías. Este volumen reúne los últimos artículos publicados por el escritor en el suplemento dominical *El País Semanal* entre el 31 de enero de 2021 y el 11 de septiembre de 2022; en total, son setenta y cinco las columnas de opinión aquí recopiladas. Para ser precisos, la que cierra el libro, «El más verdadero amor al arte», que trata sobre el oficio del traductor, ya no pudo salir en su sección de los domingos, *La zona fantasma*, y se reprodujo en la edición digital del diario el mismo día del fallecimiento y al siguiente en papel, como homenaje póstumo. Hacía la número 939 desde que Marías empezó a escribir en *EPS* en febrero de 2003. Ya no habría más.

En vida del autor, éste siempre escogía el título de los libros que compilan estas columnas tomándolo prestado de uno de los textos incluidos en ellos. Carme López Mercader, su viuda, ha seguido la tradición y, en este caso, ha elegido la pieza «Así que pasen treinta años», de clara evocación lorquiana. En ella, Marías comienza reflexionando sobre el hecho de que «algunas tristezas nunca se pasan y algunas personas nunca se olvidan» y rememora a Juan Benet, cuando faltaban unos meses para el trigésimo aniversario de la para él tan sentida pérdida; no sólo detalla la gran amistad que los unió, sino que también subraya la huella que le dejó tanto su rectitud y su decencia como su fino olfato literario, musical y pictórico. Asimismo, se pregunta qué habría pensado el amigo añorado acerca de determinados asuntos de la actualidad, en concreto «los bombardeos sobre Ucrania, la invasión injustificada y feroz de Putin». Y aquí los lectores asiduos de los artículos semanales de Javier Marías sin duda se sentirán identificados, y conjeturarán qué habría escrito respecto a muchos de los sucesos ocurridos en el mundo desde que él ya no está. Por ejemplo, el genocidio en Gaza del Gobierno de Netanyahu; la segunda presidencia de Donald Trump y la participación de Elon Musk en su Administración; la gestión de Mazón en la dana de Valencia... Sí, nos falta su mirada sobre los hechos del presente y, como él con Benet, sólo podemos elucubrar.

Un tema recurrente de preocupación para Marías eran los peligros que acechan a las democracias, como queda bien reflejado en el texto «Contra las nebulosas contemporáneas», en el que advierte con pesar: «Nuestras sociedades están perdiendo la capacidad de escandalizarse. Esa fue siempre la estrategia y el objetivo de los dictadores más dañinos. Incurren en un desafuero tras otro, graduándolos; logran que la gente se acostumbre y ya no vea ni como anomalías lo que son aberraciones». En los artículos que componen *Así que pasen treinta años*, el tono grave y la guasa (ésta expresada a menudo con el recurso de la exageración que tanto le divertía) suelen compartir espacio en la enorme variedad de temas que analizan: la ineptitud de los políticos, la maledicencia sin freno en las redes sociales, la actitud irresponsable de muchos ciudadanos en plena pandemia del coronavirus, el deterioro en el uso de la lengua castellana, los *smartphones* como «instrumentos de vigilancia y control», etcétera. A éstos se suman piezas que tocan aspectos más personales o que tratan sobre sus pasiones: el fútbol, las películas y las series, los libros, la música. Incluso dedicó una columna, titulada «No tengo la blanca», a reírse de sí mismo por la mala suerte cotidiana que sentía acecharle en ocasiones.

Mención especial merecen los cuentos que comenzó a intercalar en un momento determinado, todos desternillantes, protagonizados por unos personajes de lo más peculiares: el señor Cotta, el profesor Pírfano y Catherine del Biombo. Aunque desafortunadamente sus aventuras han quedado inacabadas, gracias al estilo magistral de la prosa del autor, las entregas que escribió dejan poso en la memoria del lector y no se olvidan.

En la pieza «Serán nostalgias», publicada en marzo de 2021, es decir, cuando nada hacía presagiar el fallecimiento del escritor un año y medio después, y a raíz de los muchos decesos de personas amigas, unas por el covid y otras por su avanzada edad, aborda el tema de la muerte sin aspavientos y con una serenidad que podríamos calificar de objetiva. Recuerda la «casi universal creencia» de tiempos pretéritos en un más allá, o sea que nos aguarda otra vida después de ésta, si bien confiesa: «Por desgracia, soy más escéptico, y lo más que consigo es pensar que en su momento pasaré a ser, sencillamente, "pasado", y que compartiré "dimensión" con cuantos he querido y admirado».

A Javier Marías, como saben sus lectores, le encantaba el *Quijote*, por lo que parece pertinente acabar esta nota a la manera cervantina. *Vale*.

Barcelona, octubre de 2025

Que se los lleve la nieve

Escribo esto diez días después de la gran nevada sobre Madrid y otros lugares, pero sólo puedo hablar de lo que veo. Al parecer Logroño o la castigadísima Toledo han sido más diligentes y eficaces. Aquí, hoy, todavía es casi imposible caminar por el centro, no quiero imaginarme cómo estarán zonas menos conspicuas. Anteayer fui al médico, tras haberse aplazado la cita dos veces, y los trayectos fueron un suplicio.

Gracias a la estúpida iniciativa del alcalde Almeida, por Sol ya no se puede salir. Gracias a la no menos estúpida de la ex-alcaldesa Carmena, tampoco por Bailén desde hace dos años y medio. Ninguno se paró a pensar que, cuando hay emergencias, ir a pie o en bici es imposible. El Ayuntamiento debería dimitir en pleno, porque no es admisible que se haya cruzado de brazos en las primeras horas —fundamentales— para conceder prioridad a la multitud de descerebrados que salieron a hacer el chorras («Ay, es que me apetece») pese a las advertencias de peligro: resbalones (los servicios de traumatología no dan abasto), ramas y árboles (en la Cava Baja estaban derribados todos), cornisas que podían desprenderse, caedizos bloques de hielo. La Guardia Civil nos instó a quitar la nieve de los balcones en el acto: el peso podría hacerlos derrumbarse. Mi casa (de alquiler) cuenta con seis, pero hasta la medianoche no pude ponerme con un recogedor (¿quién tiene pala?) porque en la plaza y la calle había, hasta esa hora, idiotas jugando con sus perros, haciéndose *selfies*, cantando —aún— villancicos. No era cuestión de desgraciar a nadie con mis montículos de nieve, así que hube de hacer la operación a muchos grados bajo cero. Los quitanieves no actuaron pronto por lo mismo: había demasiada gente en las calles. Uno se pregunta: si se corta el tránsito para manifestaciones, maratones, ovejas, procesiones y demás, ¿no se puede cuando en verdad es necesario? ¿Para qué están los municipales? (P. S.: Una máquina, por fin, nos despertó anoche... a las 4.00.)

Díaz Ayuso y su Gobierno habrían de dimitir asimismo, porque su gestión ha consistido en mentir y nada más, alegando que nadie advirtió de la intensidad del fenómeno, cuando vimos que lo hacían hasta la saciedad la Aemet y los meteorólogos. Ni ella ni Almeida han sido capaces de nada. Los precarios pasillos practicados en mi barrio los han abierto vecinos y comerciantes. Sigue habiendo cúmulos de nieve, tremendas placas de hielo, calles cortadas, y uno se juega la vida en la calzada. El taxista al que pedí que me llevara al médico me dijo que hacía una semana que su vehículo estaba bloqueado y él sin trabajar. Las autoridades no habían despejado un centímetro.

El Gobierno de Sánchez debería dimitir también, por muchos motivos; pero ahora más. Su capacidad de respuesta ha sido igualmente nula (se ha limitado a limpiar las carreteras de acceso, y que les den a las ciudades), y encima nos ha tocado soportar a Marlaska y Ábalos poniéndose medallas fatuas, cuando son dos de los principales culpables. Todo el mundo aprende de Trump rápidamente. Mención aparte merece el vicepresidente de Asuntos Sociales, Iglesias. Si las residencias de ancianos, y los sin techo, y el coronavirus, y la nevada no son asuntos sociales, que venga el otro Iglesias, el difunto fundador, y lo vea. Tanto él como sus ministros han estado ausentes en todas estas calamidades. Con ellos no van: ni las muertes de viejos, ni la congelación de quienes sufren la intemperie, ni la epidemia, ni la parálisis de la capital. Siempre fue dudoso que se preocuparan por «la gente», ahora está claro que en absoluto. Lo único que les importa son sus maniobras, los palos en las ruedas de su propio Gobierno, su propaganda, sus amistades con Bildu y Esquerra, sus «Igualdades», sus cruzadas contra el Jefe del Estado. Francamente, «la gente» no está ahora para intrigas, cretinadas ni insidias, sino para salvar la vida y el trabajo.

El trumpismo es un virus del que está el PSOE gravemente aquejado. Se cuenta la realidad según sus deseos. De repente ha creído que Illa es tan popular que ganará las elecciones catalanas. En qué mundo vive. Illa no es popular ni gusta: como ministro de Sanidad es un desastre, y la prueba está en lo bien que nos ha ido con la pandemia, en la ocultación y confusión de datos, en sus oídos sordos a médicos y virólogos, en la cómoda delegación de responsabilidades en las comunidades autónomas. Ahora mismo varias le ruegan que imponga un confinamiento para frenar los contagios disparados. Pero ay, qué pereza, tendríamos que modificar el estado de alarma, pactar de nuevo, abrir el Congreso, someternos otra vez a votación. Mejor que se mueran unos cuantos más, según parece. Illa no podría ganar nada (además, posee tanto carisma como Quim Torra, más o menos), pero el PSC y el PSOE hablan de él como si fuera Kennedy redivivo, u Obama.

Estos políticos no lo son. No sirven, no ayudan, no organizan, no gestionan. Que la población se las componga. Hasta los accesos a los colegios han tenido que limpiarlos los padres de los escolares. Total, como ya dije hace poco, con la Educación hay que acabar como sea, para crear más descerebrados con móvil y adictos a las redes. Cualquier pretexto es bueno. Hasta una brutal nevada.

31-I-21

Críticas y premios

En este 2021 (allá por mayo, creo) se cumplirán cincuenta años de la publicación de mi primera y juvenil novela, *Los dominios del lobo*. En todo este tiempo sólo me he presentado, en 1986, a un premio literario, que devolví al cabo de un decenio por razones que no vienen al caso, y suprimí de mis notas biográficas. Los que he recibido, más en el extranjero, eran galardones a los que uno no se presentaba. Si me los concedían, me alegraba y lo agradecía, pero jamás los busqué (más bien he rechazado un par y he declinado ser candidato a alguno). Ahora compruebo que acerté, porque hace décadas que los premios literarios y cinematográficos —las artes que más sigo— casi nunca tienen que ver con la literatura ni con el cine. Así, que alguien obtenga uno me resulta indiferente como lector o espectador, porque sé que, con rarísimas excepciones, son artes que poco se aprecian y entienden, desplazadas o usurpadas. Lo que se premia sobre todo es lo siguiente:

1) *Los temas*. Si se cuenta una infancia atroz, con un padre maltratador o borracho o abusador (mejor las tres cosas); si alguien relata una terrible enfermedad o muerte, de padres, madres o hijos; si hay numerosas escenas hospitalarias (por definición deprimentes); si los personajes son *gays* o transexuales humillados a lo largo de sus vidas; si se ocupa de pueblos más o menos exóticos o «étnicos» que han sido «invisibles» para Occidente; si se denuncia la corrupción de los políticos o la codicia de las multinacionales; si se narran las peripecias de mujeres del extrarradio, o de mujeres a secas, bravas o some-

tidas; si se aborda el esclavismo en los Estados Unidos (otros no merecen atención, como el de Stalin o el practicado durante siglos en países árabes: en muchos aún vigente, contra las mujeres sobre todo); si se habla de inmigrantes o marginados; si se recurre a una víctima del Holocausto; si... Todos estos temas son muy trágicos e importantes, sí, pero, a diferencia de lo que opinan hoy los jurados y —lo más grave— la mayoría de los críticos, no bastan para convertir *per se* en obra maestra una novela, una película, ni siquiera un poemario quejoso. Sin duda habrá obras maestras que hayan tratado estos asuntos, pero lo que resulta imposible es que cuantos libros o películas lo hacen —y son centenares, el mimetismo y el oportunismo son plaga— sean inmensos logros, uno tras otro.

2) *El sexo de los autores*. Lamentando decirlo, es otro de los factores que en la actualidad condicionan los premios y elogios. Ha habido y hay escritoras maravillosas (no tantas como podría, pues por desgracia se les dificultó o impidió la dedicación a la literatura). En mi modesta editorial, que no hace distingos, he publicado tres novelas de Janet Lewis, dos ensayos de Rebecca West (a los que seguirán otros dos extraordinarios), dos volúmenes narrativos de Richmal Crompton, brillantes cuentos de Isak Dinesen, Vernon Lee y Charlotte Riddell; suman un 30 % del total. Si no han sido más es porque la competencia se me ha adelantado. Lo que carece de sentido es que todo lo que hoy publican mujeres sea fantástico, como se aduce. Las habrá geniales y pésimas, exactamente como ocurre con los varones. Pero hoy se insinúa que cuanto sale o salió de ellas en el pasado es sublime. Lo cual, siento admitirlo, tiene un efecto contraproducente y lleva a desconfiar —en muchos casos injustamente— de esos ditirambos y premios «cantados».

3) *El origen de los autores*. Si vienen de la «España vacía» y tratan de sus desolados campos o aldeas; si son

latinoamericanos; si son catalanes o vascos o gallegos y escriben en sus privativas lenguas; si se sabe que han sido pobres en la infancia; si son autores africanos o vienen de países con escasa tradición literaria (Finlandia, Vietnam o Trinidad); cuantos provienen de esos sitios gozan por principio de mucho favor crítico y tienen altas probabilidades de alzarse con galardones. Cualquiera de cualquier lugar es capaz de escribir un portento. Pero estamos en lo mismo: no todos *a priori.*

4) *La orientación sexual de los autores.* Si ésta es cualquiera salvo la heterosexual, tendrá las alabanzas fáciles. Tanto si dicha orientación es el meollo de la película o libro como si es la del autor o autora o «autorx», ignoro qué sería lo adecuado para Stallone si de pronto se sintiera mujer y le diera por la literatura.

5) *Lo autobiográfico.* Si cuenta usted sus venturas y miserias (que a pocos importan, me temo), sea en versión memorias o diario o «autoficción» variopinta (tanto da), ya tiene mucho ganado en la a menudo amañada lotería de los premios y las reseñas. Eso, obviamente, no empaña las verdaderas obras maestras del género, desde los hermanos Goncourt a Pepys y el gran Montaigne.

No se me malinterprete: habrá obras magníficas con cualquiera de estos elementos, ingredientes, temas, orientaciones sexuales o procedencias. Pero no lo serán en virtud de ellos. Hoy lo tendrían difícil Flaubert, Balzac, Conrad, Faulkner, Henry James no digamos. Ford y Hawks y Lang y Lubitsch y Hitchcock y Wilder. Lo que hoy se ensalza raramente es literatura o cine, sino sus circunstancias extraliterarias y extracinematográficas, tal vez periodísticas. Lo que yo crea o haga da igual, faltaría más, pero entre todos han conseguido que ya no lea apenas críticas ni preste atención alguna a ningún premio.

7-II-21

Como pasajeros del *Titanic*

A los hombres y mujeres les ha costado siempre mucho reconocer a quienes entrañaban enorme peligro o estaban poseídos por una maldad gratuita. Y así, han aclamado y obedecido gustosamente a Hitler o Mussolini o Stalin en el siglo pasado. (El caso de Franco es distinto, porque jamás fue elegido, y en buena medida se lo vitoreó más por conveniencia que por entusiasmo, para medrar o salvarse, y una vez en el poder y tras haber laminado a los españoles adversos o «tibios».) El fenómeno continúa vigente: no hace falta mirar documentales de Hitler o Mussolini: a ellos los vemos hoy con distancia y sabiendo lo que hicieron, y nos preguntamos cómo seres tan bufonescos pudieron seducir y engañar a masas en su tiempo. Nos resulta obvio lo que eran. Tanto como dentro de unas décadas se lo resultarán, a la gente futura, las imágenes de Trump, Bolsonaro, Putin (ninguno lleva pintada como él la crueldad en el rostro), Chávez y Maduro, Johnson, Duterte y tantos más. Por desgracia estamos ante una incapacidad tan antigua como la humanidad misma, la de no ver, no descifrar, no reconocer con claridad al otro. Sin ir más lejos, hoy hay dos o tres políticos de ese jaez en España, sin escrúpulos. No son demasiados los que los calan y sí los que los jalean fervorosamente.

Lo que es nuevo de nuestra sociedad, sin embargo, es la exagerada torpeza para advertir otros peligros. Cualquier animal se percata en el acto de cuándo algo o alguien lo amenaza, antes incluso de que lleguen el depredador, el huracán o el incendio. El hombre tarda más y a menudo se guía por ellos: relinchos de caballos, ladridos de perros, estampidas de conejos y ciervos. Pero solía estar alerta y, a su manera, olfateaba los riesgos. Insólitamente, esto parecemos haberlo perdido, lo cual es tan grave como estupefaciente. Nada bueno augura para el porvenir de la especie.

No soy quién para apuntar las causas de esta novedad rarísima. Pero, por intuición, tiendo a pensar lo siguiente: hemos empalmado bastantes generaciones afortunadas, o aun mimadas, si las comparamos con las del pasado, en Occidente. No hemos sufrido guerras ni tremendas hambrunas ni frecuentes plagas; tampoco a dictadores malsanos (salvo los que padecimos en parte a Franco, pero el de los años sesenta y setenta —represor y nefasto— no era comparable con el de los cuarenta); ni por tanto persecuciones implacables. Así que grandes porciones de nuestras poblaciones se han desacostumbrado al peligro de tal forma que ni siquiera lo creen posible. Son incrédulos, se lo toman a broma, piensan que eso es para las películas y que se trata de exageraciones. De lo último tienen toda la culpa las televisiones, tan dadas al catastrofismo que los ciudadanos ya no atienden a sus predicciones y alertas; tan empeñadas en calificar todo de «histórico» que, cuando la gente comprueba que lo «histórico» de ayer ya se ha olvidado, no hace más caso. Pedro y el lobo era el cuento.

En consecuencia, cuando sobreviene un peligro real, pocos lo huelen, o, lo que es peor, pocos lo reconocen. Sólo así se explica que, en medio de la tercera y virulenta ola del coronavirus, muchos todavía lo subestimen y desprecien. El primer día que salí tras la nevada (y las calles seguían tan homicidas que mi trayecto fue muy breve) vi todo esto: un hombre fumándose una duradera pipa mientras caminaba; una mujer vapeando; otra fumando sin apartarse de los demás; un grupo de señores mayores sentados a cero grados en una terraza, jugando al dominó; una cincuentena de negacionistas que protestaba contra las restricciones... todos sin mascarilla o con ella bajada. Muchos no han renunciado a reunirse en interiores, a montar fiestas en discotecas o pisos turísticos, a ir por las calles en nutridas manadas, a quitarse el embozo cada vez que algo les entra por el móvil. Otro tanto ocurrió con la nevada madrileña: saltaba a la vista que había peligros, y fueron advertidos: pueden caer árboles enteros, cornisas, bloques de hielo, las aceras son pistas de patinaje (centenares de fracturas por hacer caso omiso). A demasiadas personas les dio igual: había que salir; no a verla, sino a fotografiarla para enviar las imágenes a las amistades o a las cretinas redes de las que tantos son esclavos (recuérdense los muertos por *selfies* al borde de un precipicio o corriendo ante un toro o en coche a 200 por hora). Son excesivos los que han perdido lo que a veces nos salva: el instinto de conservación, la sensación de amenaza, la percepción de la asechanza, el reconocimiento de un enemigo del que hay que guardarse. Nada de eso se ve no ya probable, sino meramente posible. «Qué tontería, qué nos va a pasar si llevamos sin que nos pase nada la vida entera.» Es cierto, a grandes rasgos; pero no hasta el punto de descartarlo y negarlo todo cuando ya está encima, no hasta el punto de creer que los «amistosos» león u oso polar no nos devorarán cuando estén a dos pasos. La actitud de muchos miembros de la sociedad es suicida: tanto al votar a Trump u Orbán u Obrador como al venerar a Puigdemont, Otegi, Abascal o Iglesias. No los ven, no los desentrañan, lo mismo que a la epidemia tras haberse ésta cobrado incontables vidas ni a la lanza de hielo macizo a punto de desplomarse sobre sus cabezas. Recuerdan a aquellos pasajeros del *Titanic* que, cuando ya se hundía, exclamaban: «Esto es falso, no está pasando: viajamos en el barco más seguro de la historia».

14-II-21

Mala índole

Cuando esto se publique, habrán pasado no pocas semanas desde el episodio, pero éste es de los que no merecen caer en el olvido. Porque las ya famosas palabras las pronunció el tercer representante del Gobierno de la nación, sin que el primero lo haya destituido —eso jamás— ni desautorizado o reconvenido, como si le tuviera el miedo que se suele tener al matón. De hecho he visto, en el principal órgano de propaganda de este Gobierno, TVE, descarados intentos de exculpación, y ocultación de reprobaciones tan significativas como la de Felipe González.

Justo antes del telediario de las tres, pillo los últimos minutos de un programa con pinta horrible, llevado por un ex-colaborador de La Sexta que no esconde su parcialidad. Procuro conectar en punto para ahorrarme su visión, aunque sea mínima, pero no siempre acierto. En dos ocasiones —quién sabe cuántas más habrá habido— el programa se cerraba con la intervención de tertulianos de aspecto podemita-carnavalesco. Uno citó a un ex-fiscal según el cual el Estado habría actuado con los líderes independentistas como la Inquisición con los herejes (se deducía que aquéllos habían padecido el potro o las tenacillas). Otro restó valor a las declaraciones del Vicepresidente: «Total, es algo soltado en una entrevista», como si lo que se dice en éstas no contara. Quienes nos hemos prestado a muchas sabemos, sí, que a veces se nos calienta la boca, y por supuesto que la mayoría de periodistas buscarán un titular llamativo sacando una frase de contexto. Pero ese no fue el caso. Veamos, está todo grabado:

Iglesias defiende a Puigdemont, y arguye que a éste le han jodido la vida sin que haya robado ni cometido crímenes. Depende de cómo se considere «robar». A mí me parece que vivir desde hace años en un palacete belga, con una corte de acólitos y servicio, a expensas del erario o de una acaudalada organización como la ANC (se sospecha que financiada en parte por la Generalitat durante años, esto es, por los contribuyentes), sí es una manera, desde luego cómoda y sin riesgo, de quedarse con lo ajeno. Luego el entrevistador le pregunta si Puigdemont es un exiliado como los de la II República, que hubieron de abandonar España en 1939 o poco antes o después, tras la victoria de una dictadura sangrienta que los fusilaría o encarcelaría. A Iglesias —se nota mucho— la pregunta no lo pilla desprevenido. Pone cara de «Se van a enterar de lo valiente que soy, y además la voy a armar», y responde con deliberación: «Se lo digo claramente: creo que sí». Acto seguido sostiene una falacia insostenible: que Puigdemont está en el exilio por sus ideas políticas, y saca a colación al Rey Juan Carlos, cuyos presuntos delitos encuentra más graves. Un Vicepresidente no debería mentir a lo Trump, a sabiendas y con desfachatez. Cataluña alberga numerosos ciudadanos y líderes con las mismas ideas que Puigdemont y nadie los persigue por ellas. La prueba es que dicen cuanto quieren, abogan por la independencia y copan los cargos de su Generalitat. Ergo: Puigdemont se largó cuando aún nadie lo buscaba y nunca por sus ideas, sino por la probable comisión de un delito o varios, incluido el de malversación.

Por familia, mi infancia y adolescencia estuvieron salpicadas de figuras de exiliados, que osaban viajar a España ya en los años sesenta: Rosa Chacel, José Ferrater Mora, Juan López-Morillas, María Rosa Alonso, Antonio y Mariana Dorta, los Salinas y los Guillén y otros. Toda esa gente buena —intelectuales y profesores, no activistas ni combatientes— había pasado largo tiempo de penalidades y ausencia en el Brasil, Venezuela, Italia, los Estados Unidos, hasta abrirse camino o no, siempre con precariedad. Ninguno vivió holgadamente en Waterloo ni gozó de un acta y un sueldo de eurodiputado ni de la ayuda económica de una ANC, aunque Iglesias afirme implícitamente lo contrario. También, según él —se infiere—, tuvieron tales privilegios los que huyeron a pie o hacinados en barcos bajo bombardeos de exterminio, o pasaron por los campos de prisioneros de la desdeñosa Francia, luego colaboracionista, o vivieron interminables años en la penuria y con el miedo en el cuerpo, como López Raimundo, del PSUC. En 1975, agonizando Franco, estuve en Roma en casa de Alberti y María Teresa León con un nutrido grupo de ellos (estaba el lendakari en el exilio, Leizaola). Aguardaban la noticia del fallecimiento como fantasmas, con una tímida y descreída ilusión, la de quien sabe que su vida ha sido la que ha sido y que, si cambia la suerte, le quedarán migajas. Los que tienen a la II República siempre en la boca, succionándola y falseándola, no han dicho ni mu, incluidos columnistas y ministros henchidos de «memoria». Otros han señalado que las declaraciones de Iglesias son una ofensa para aquellos exiliados. Muñoz Molina las ha calificado de «vileza». Estoy de acuerdo. Pero lo peor es que muestran la índole de quien las ha proferido, la pasta de la que está hecho. Es una temeridad que un individuo así sea el tercer representante del Gobierno de la nación. Por más que, desde su poder, y con sus sueldos a nuestro cargo, juegue, como un vivales, a ser también un agitador falaz.

21-II-21

Contra las nebulosas contemporáneas

Todo va tan rápido, y hay tal necesidad de amnesia y de pasar en seguida a otra cosa, que se corre el riesgo de que las mayores felonías queden sepultadas. No por el paso del tiempo, como fue la norma, sino por impaciencia y porque los ciudadanos de este bobo siglo precisan de novedades continuas, como los niños hiperactivos. Pero hace sólo mes y medio que culminó uno de los más grandes atropellos contemporáneos, y lo grave es que no sucedió en un país de escasa tradición democrática, como República Centroafricana o Birmania, Turkmenistán o Bielorrusia, sino en los Estados Unidos. Ha habido un *impeachment* en el que el envilecido Partido Republicano ha impedido la condena del acusado; y así los hechos empezarán a parecer nebulosos o ficticios, y esos hechos son inauditos.

Más allá de las legalidades a las que todos nos debemos y sometemos, para la percepción imparcial y sensata se trató de lo siguiente: el perdedor de las elecciones, Trump, no sólo se negó a aceptar el resultado, sino que lo impugnó, sin base ni pruebas, de todas las maneras posibles. Una vez que los responsables de los recuentos y los tribunales a los que apeló le quitaran la razón y certificaran que no había habido trampa ni fraude en ningún Estado y que sencillamente los números favorecían a Biden, presionó con estilo mafioso para que se adulteraran las votaciones, de forma que lo proclamaran ganador a él, y encima por *landslide*, es decir, por arrasamiento. (No le bastaba verse vencedor, sino que, como megalómano patológico, exigía serlo a lo grande, lo mismo que, al comienzo de su funesto mandato, exigió que en su toma de posesión hubiera más gentío que en la de Obama, contra lo que veían todos los ojos; ahí comenzó la negación enfermiza de la realidad manifiesta, que tanto daño ha causado.) Llegó a ordenar que le «encontraran» 11.780 votos favorables en Georgia, justo los que necesitaba para adjudicarse ese territorio. Luego, incitó y arengó a la turba de energúmenos.

Trump hizo exactamente aquello de lo que acusaba a los demócratas: trató de «robar las elecciones», y además sin esconderse. Como sus acólitos más serviles, Giuliani, Ted Cruz, Hawley y tantos otros cuyos nombres deben figurar *ad aeternum* con letras rojas de infamia. Él y sus huestes buscaron lo que en español coloquial llamamos un pucherazo. Y, como no lo consiguieron, entonces optaron por un golpe de Estado, sin paliativos. El carnavalesco y escalofriante asalto del Capitolio fue la parte más trágica de la tentativa (cinco muertos, incluido un policía que guardaba el edificio, asesinado a extintorazos). Pero ese golpe se inició mucho antes, en el instante en que se dictaminó que Biden había triunfado. El único precedente reciente, en países democráticos, fue la obstinación, hace años, de López Obrador tras ser derrotado en México. Como ya he dicho que todo se olvida, pocos recuerdan que el actual presidente de ese país acampó a sus masas durante incontables meses en la capital, resistiéndose a encajar lo que las urnas habían decidido. Ese individuo ejerce ahora el poder, como lo ejerció Chávez en Venezuela tiempo después de haber protagonizado un golpe de Estado fallido, con militares. Nuestras sociedades son amnésicas o aún peor: no condenan lo claramente condenable, lo merecedor de ostracismo. Chávez, Obrador y Trump se parecen sobremanera, y es incongruente que quienes detestan al tercero veneren al primero. A los dos deberían dispensarles idéntica adoración o repulsa.

Trump no ha sido sentenciado a inhabilitación perpetua. Aún más: dado que una buena porción de sus votantes está de acuerdo con él y secundó sus mentiras palmarias y su alta traición, puede que de aquí a poco sea visto como alguien que, «total, no hizo nada», del mismo modo que los líderes independentistas catalanes «sólo defendieron sus ideas» y ETA se limitó a «matar un poco, equivocadamente», y luego su padrino político pasó a ser amigo del muy cristiano Junqueras y «hombre de paz». No ya según sus feligreses, sino según el Vicepresidente de nuestro Gobierno, a cuya índole me referí hace una semana.

Nuestras sociedades están perdiendo la capacidad de escandalizarse. Esa fue siempre la estrategia y el objetivo de los dictadores más dañinos. Incurren en un desafuero tras otro, graduándolos; logran que la gente se acostumbre y ya no vea ni como anomalías lo que son aberraciones. Por extremo que sea el ejemplo, no hay ninguno tan diáfano: si a los judíos alemanes se les prohibió sentarse en los bancos de los parques y eso se digirió sin pestañear (al fin y al cabo, no era gran cosa), no es de extrañar que unos años más tarde se los gaseara sin que los ciudadanos se inmutaran (o «no se enteraran», esa fue su increíble defensa). Cada felonía impune, o ni siquiera percibida como tal, es siempre la semilla para otras más criminales. Independientemente del fallo del Senado americano, es indispensable que Trump quede en la memoria de las gentes como un atroz individuo, ladrón y golpista. Y además no debe olvidarse que, como Obrador, Bolsonaro y Boris Johnson, con su empecinado desdén por el coronavirus y su guerra a las mascarillas, es también corresponsable de medio millón de muertos, y el número sigue aumentando, día a día.

28-II-21

El incomprensible cinismo de Podemos

Desde el PP de Aznar, al que combatí en incontables artículos en esta misma página, no había habido en el Gobierno un partido tan irritante y cínico como Podemos. Veamos algunas cuestiones.

1) Según contó Carlos Cué en este diario, el 27 de enero se reunieron en el Congreso, durante horas, cuatro representantes del PSOE y seis de Podemos para «calmar las aguas de la coalición». El reportaje es interesante, y deja claro que el punto de partida y llegada de los socialistas fue, en resumen: «No podéis ser oposición y Gobierno a la vez. Tenéis que elegir». A la vista está que la advertencia de la formación mayoritaria se la pasó por el forro —acéptenme la expresión, por precisa— la minoritaria; porque a los pocos días el Vicepresidente Iglesias se puso del lado de Putin y de su esbirro Lavrov y les dio la razón al afirmar que en España no hay «plena normalidad política y democrática», por la situación de Puigdemont y Junqueras, equiparable a la del envenenado y encarcelado opositor ruso Navalni. Si Iglesias cree eso, no se entiende que ejerza un cargo privilegiado en nuestra deficientísima democracia, en vez de dimitir con un portazo. En el fondo me temo que acertó en su diagnóstico: imposible que haya hoy mucha normalidad democrática si un alma nítidamente totalitaria como él es el tercer representante de la nación.

2) Unas fechas más tarde, Podemos, con gran prisa, registró un borrador de «ley de protección de la libertad de expresión» que pretende legalizar cabalmente el enaltecimiento del terrorismo (se supone que también del

yihadista, vigente y causante de brutales matanzas en Europa y España), la humillación a las víctimas, las ofensas a la religión (sólo a la católica, se entiende), al Rey y a los demás altos cargos del Estado. A Podemos le preocupa enormemente la libertad de expresión de quienes incurren en los —todavía— delitos mencionados, pero no está dispuesto a proteger a quienes los critican a ellos.

3) Todo lo contrario. Desde sus inicios han atacado repetidamente a los medios, y hasta han hablado de nacionalizarlos o arruinarlos (como hizo en Venezuela su mentor Chávez). Incluso contra La Sexta han arremetido, que los ha mimado y catapultado (Iglesias omnipresente en su pantalla), cuando uno de sus periodistas ha osado reprocharles muy levemente algo. Tienen ahora un libelo que, entre otras proezas trumpianas o putinescas, señala con nombre y apellido a informadores y columnistas críticos con ellos, y azuza a sus jaurías de redes sociales para que los acosen y hostiguen. Siempre organizaron campañas tuiteras contra quienes se atrevían a censurarlos, al modo de Falange Española en los años treinta, sin descartar sus difamaciones.

4) Como no tengo por completamente idiotas a los gerifaltes de Podemos (bueno, a bastantes sí, a qué negarlo), no puede ser que no reparen en sus brutales contradicciones e incongruencias. Luego éstas se deben al cinismo.

5) El mencionado documento de Cué daba un detalle revelador, que al parecer ha pasado inadvertido. En esa reunión entre socialistas y podemitas hubo reproches. En lo tocante a la libertad de expresión, el más escandaloso fue el siguiente: la Ministra Irene Montero, cercanísima a Iglesias y por él nombrada, se quejó a Adriana Lastra de una ofensa: «Ha habido militantes del PSOE que me han criticado abiertamente en redes sociales». Va de suyo que Montero pretendía que la parte socialista

del Gobierno prohibiera que la criticaran... no ya otros ministros, ni secretarios de Estado, ni presidentes autonómicos, ni destacados dirigentes, sino... ¡sus militantes! Que yo sepa, tener carnet de un partido no ata, ni obliga a nadie a callarse, ni a obedecer cualquier directriz de la formación a la que pagan cuota. Los militantes son ciudadanos como cualesquiera otros, con derecho a opinar lo que les parezca, y hasta a injuriar a altos cargos, según el borrador de Podemos.

6) «Ah, pero no a nosotros. Y a la consentida Ministra mucho menos.» Es de suponer que, dada la proximidad, su Vicepresidente estará de acuerdo con este revelador reproche. De mandar Podemos «plenamente», es fácil imaginar el destino de la libertad de expresión. A la manera de Putin, Xi o Maduro, la habría para ellos y sus amigos sumisos. Para nadie que se les opusiera.

7) Sorprende —por inusitada— la delicadeza con que le contestó Adriana Lastra, lo cual demuestra que ella y su jefe, Sánchez, tratan a sus coaligados con suavísimo y atemorizado guante de seda. «Nosotros tenemos miles de militantes», le dijo; «no podemos impedir que un grupo de feministas critique a Podemos, pero nadie autorizado lo ha hecho». Con ello admitía implícitamente que a alguien «autorizado» no se le permitiría una crítica a la intocable Irene Montero. Eso, mientras Iglesias y sus servidores Echenique, Belarra, Asens y otros varios atacan día sí y día no a las Ministras de Defensa y Economía, Robles y Calviño, al propio Sánchez veladamente, y abiertamente a la democracia española que ellos hoy representan y «defienden». Pero hay más, y no más espacio. Así que quizá continuará otro domingo.

7-III-21

El incomprensible cinismo del PSOE

Tras las penúltimas elecciones, no hubo Gobierno porque Sánchez dijo aquello del insomnio. También dijo algo que se le recuerda menos, y vino a ser esto: «Necesito a un Vicepresidente que me apoye y no me lleve la contraria, y un Gobierno que hable con una sola voz». Tras las siguientes elecciones se abrazó con Iglesias sin convencimiento, y ha venido con exactitud cuanto había vaticinado: su insomnio y el de muchísimos españoles, un Vicepresidente que le hace la contra, que torpedea el Gobierno del que forma parte y arremete sin pausa contra nuestra democracia. ¿Se imaginan a Macron (por ejemplo) permitiendo a su segundo atacar a la República y a sus jueces y periodistas, exigir controlar a unos y a otros? No habría durado un minuto más en el cargo. De hecho no hace demasiado que Macron destituyó a su Primer Ministro, Édouard Philippe, sin que se le moviera una ceja.

Lo escribí hace ya tiempo,* pero es que ahora ha pasado año y pico desde el abrazo, y ni Sánchez ni el PSOE se han dignado darnos a los ciudadanos la menor explicación de su radical cambio de parecer, despreciándonos como a siervos. Ni siquiera: «Es que no había más remedio si queríamos seguir gobernando». Que tal argumento fuese mentira (se habrían podido apoyar en C's e incluso PP para cuestiones y leyes concretas) no es lo que los frenó, porque sus mentiras acumuladas se cuentan por centenares. Iglesias, lejos de rectificar, siempre ratifica sus

* En el artículo «Sobre los límites del engaño», recogido en *¿Será buena persona el cocinero?* (Alfaguara, 2022). *(N. del E.)*

afirmaciones, aumentadas (lo propio de los soberbios). Así ha ocurrido con el caso del truculento rapero de Lérida, el cual, de no haber pedido «que alguien le clave un piolet en la cabeza a José Bono», sino «a Echenique» o «a Irene Montero», habría sido llevado sin vacilación ante los tribunales por Podemos (su piel es finísima), acusado de delito de odio o incitación al homicidio. Como no fueron su blanco, Podemos no sólo lo defiende a ultranza, sino que alienta a cuantos indepes y chorizos destrozan, saquean y arruinan los ya castigados negocios con tan macabro pretexto. No es que Podemos «se muestre reticente a condenar los desmanes», como inexplicablemente sostienen los editoriales de este diario, sino que los apoya sin ambages, haciéndose cómplice. Si un portavoz no habla en nombre de un partido, díganme quién lo hace. Y el portavoz Echenique tuiteó: «Todo mi apoyo a los jóvenes antifascistas que están pidiendo justicia y libertad de expresión en las calles». (Pasemos por alto la imbecilidad de llamar «antifascistas» a quienes se comportan como camisas pardas y trumpistas del Capitolio.) Lo cierto es que Sánchez guardó asombroso silencio tras tres noches de terror ciudadano, y, cuando por fin se pronunció, soltó una breve y lene frase sobre la democracia plena y la necesaria reforma del Código en lo relativo a injurias, si éstas son artísticas, algo así. Como no tengo a todos los miembros del Gabinete por idiotas redomados (bueno, a algunos sí, a qué negarlo, igual que la semana pasada), todo hay que achacarlo a un incomprensible cinismo.

El propulsado ex-Ministro Illa no ha contribuido a disminuir este desagradable sabor a cinismo. Tras las elecciones catalanas, anunció que hablaría con todos los partidos salvo Vox. Bien está que evite a esa formación antidemocrática, racista y xenófoba. Lo malo es que sí considere interlocutores dignos a otros partidos con los mismísimos defectos o peores, como la CUP y JuntsxCat. Y a otros antidemocráticos y populistas, como ERC y Podem, que ni siquiera son de izquierdas. (Creer que lo es Esquerra por su nombre es tan estúpido como creer que la República Democrática Alemana era lo segundo porque lo decía su nombre: pregunten a las víctimas de la Stasi.) Lo mismo se puede decir del Gobierno de Iglesias y Sánchez: quieren ilegalizar la exaltación del franquismo (no me opongo), y en cambio legalizar la apología del terrorismo y de ETA, que es más reciente; no hablan con Vox, pero pactan y gobiernan con el brazo político de ETA, con quienes han intentado en Cataluña un golpe totalitario y con la misma Podemos (13 % de los votos), cuyo objetivo de derribar la democracia constitucional era —y es— palmario desde sus inicios. A Podemos y Vox los separan los cantos de un par de monedas. Todo es insólito: una Secretaria de Estado iluminada la tiene tomada con la Ministra de Defensa, y ahí continúa en su puesto. No hay jerarquías ni pasa nada porque una subordinada se mofe públicamente de sus superiores. Creíamos que la disciplina de partido era innegociable, y Sánchez e Iglesias degradaron o expulsaron a cuantos socialistas y podemitas no se les postraron. En un Gobierno la disciplina se esperaría aún más estricta. Porque no se puede tener a un Vicepresidente, etc. Pero el Presidente y su partido lo consienten. Si quieren que se los vote a la próxima, lo mínimo es que expliquen de una vez qué pasó entre las penúltimas y las últimas elecciones, para que el causante de insomnios se convirtiese de pronto en el ángel susurrante del insomne. Sí, de uno sólo, porque al resto todavía nos cuesta mucho conciliar el sueño. (Si por ventura se preguntan por qué he dedicado dos artículos al cinismo de estos partidos, siendo cínicos casi todos, la razón es muy sencilla: son los que nos gobiernan, y de ellos dependen el presente y el inmediato futuro de este país que aún parece medio nuestro.)

14-III-21

Serán nostalgias

Esta página es a menudo muy crítica, pero procuro que no sea deprimente, aunque a veces salga melancólica. Por si acaso, aviso a los lectores que deseen ahuyentar todo pensamiento triste: hoy no la lean.

Salvo los jóvenes o los muy descerebrados, entre los que incluyo a los negacionistas de la pandemia, ésta nos ha obligado, a la mayoría, a temer más y a considerar la muerte algo real, en contra de las tentativas habituales de nuestra época. Quien más quien menos ha sufrido fallecimientos o enfermedad en su círculo. Desde que apareció este virus, yo he lamentado las pérdidas del novelista Javier Fernández de Castro, de mi sabio compañero de la Academia Gregorio Salvador, del monje e historiador Hilari Raguer, del hispanista Ian Michael, del experto en ejércitos napoleónicos y viajes Ian Robertson, del antiguo Rey de Redonda Jon Wynne-Tyson, del ensayista inteligente Enrique Lynch, del editor Manolo Arroyo, del músico Luis Eduardo Aute, del geólogo Carlos Martínez Terroba de mi familia, del marido de mi ex-portera Juliana, Alejandro, y de mis corresponsales ocasionales George Steiner y Marc Fumaroli. Me doy cuenta de que seis de ellos habían cumplido noventa años, y dos ochenta, y de que casi ninguno ha muerto de coronavirus, o eso creo. Ya lo dije una vez: parece que esta plaga haya acelerado otras dolencias.

Sea como sea, se ha hecho inevitable contar con eso que hasta evitamos nombrar con frecuencia, y uno se pregunta qué hacer al respecto. Bueno, nada puede hacerse. Más bien cómo pensarlo o encararlo. Y aquí hay que reconocer que los hombres y mujeres de tantos siglos pasados lo tuvieron un poco más fácil, cuando era casi universal creencia (al menos en Occidente) que nos aguardaba el más allá con su premio o «cielo» o su castigo o «infierno», o como mínimo «purgatorio». Sin olvidarnos del lugar más apetecible, ameno y vedado, el «limbo», hoy «abolido», donde se suponía que se hallarían los niños sin bautizar y la gente precristiana, es decir, Aristóteles, Platón, Sófocles, Ovidio, Propercio, Marco Aurelio y otros emperadores romanos, en verdad un sitio divertido e instructivo. Esa creencia, junto con la de la inmortalidad del alma y la resurrección del cuerpo, sin duda ayudaba no poco. No es que ahora no haya personas con su fe intacta en esas cosas, pero no son muchas y su número decrece, me temo: es arduo creer lo que los tiempos apenas creen. Recuerdo haberle oído a mi padre, que lo trató mucho, que Don Ramón Menéndez Pidal, quien alcanzó la edad de noventa y nueve, no sólo estaba «conforme» con el término de su vida, sino que lo esperaba con ciertas curiosidad e impaciencia, convencido —o eso decía— de que por fin iba a conocer a Rodrigo Díaz de Vivar, *El Cid*, a cuyo Cantar había dedicado décadas de investigación y estudio, y a preguntarle. Don Ramón no era hombre elemental; al contrario, era un gran sabio, y sin embargo creía o quería creer en ese futuro para él dichoso, que le llegó en 1968.

Por desgracia, soy más escéptico, y lo más que consigo es pensar que en su momento pasaré a ser, sencillamente, «pasado», y que compartiré «dimensión» con cuantos he querido y admiro. Estaré en la misma «esfera» que millones de personas desconocidas, y que Montaigne y Shakespeare y Cervantes, Marilyn Monroe y Elvis Presley; y que mis padres y mi hermano Julianín y Benet y Aliocha Coll, al que añoro treinta años después de su suicidio. Claro que no se me escapa que en esa «dimensión» también están Hitler, Stalin, Mao y los jemeres rojos, los más grandes asesinos de la historia, y otros no comparables pero que mataron lo suyo, como Franco y Mussolini y Lenin. Por lo tanto, me percato de que el concepto de mero «pasado» palidece al lado del prometido «cielo» de antaño, donde uno podría conversar, tal vez, con Proust y Faulkner y Conrad, con Velázquez y Madame du Deffand y Sterne, con Monteverdi y Schubert y Bach. Y hasta acaso con Luis XIV y Napoleón y Enrique VIII, curiosos de conocer a buen seguro.

¿Qué queda, pues? No sé. En estos trece meses de amenaza continua, ánimo menguante y noticias tristes, de políticos desalmados para los que la vida o la muerte de los demás nada importan (y verlos exhibirlo a diario mina y ensombrece aún más el ánimo), sólo se me ha ocurrido esto: durante siglos y siglos no existimos, antes de nuestro nacimiento. Ni pensamos ni sentimos ni quisimos ni padecimos, no hubo nada. Y a ninguno se nos ocurre lamentarnos de no haber estado con anterioridad en el mundo, o de habernos «perdido» tiempos y acontecimientos apasionantes, bien es verdad que plagados todos de sufrimiento. ¿Por qué habríamos de lamentarnos de volver a aquel estado previo? Si estuvimos larguísimo tiempo entre lo «preexistente», ¿por qué nos rebelamos y angustiamos tanto ante la entrada en lo «post-existente»? Ya, sí, la respuesta es fácil: de lo primero no guardamos memoria, de lo segundo sí. Es más, consistimos en eso en gran medida, en tanto que sujetos existentes. No es comparable desconocer la vida antes de su comienzo que abandonarla con pleno conocimiento y despedirnos con la consiguiente nostalgia, por bien o mal que nos haya ido. Quizá sea eso contra lo que nos toca luchar: anticipada nostalgia, que después ya no tendremos.

21-III-21

Tanto desgarro y tanto agravio

No sabemos por qué será recordada esta época en lo que se refiere a grandes acontecimientos —pandemia aparte—, pero, en lo relativo a la «pequeña historia», me temo que lo será por su pintoresquismo y su extrema ridiculez. Más o menos como en España es hoy vista la censura franquista, que, como quizá no saben los jóvenes, cortaba los besos de las películas, cambiaba diálogos y tapaba con artimañas los escotes de las actrices. Claro que no estoy tan seguro de que *hoy* se considere risible y grotesca aquella censura: aunque jamás lo reconocerán, es probable que a algunas feministas de cuarta ola les parezca acertadísima y de perlas, por precursora.

La noticia es muy menor, pero hay que prestar atención a lo menor, a veces sintomático de lo grave. En la investidura de Joe Biden intervino una joven poeta que declamó sus versos, Amanda Gorman. Instantáneamente se hizo famosa, no tanto por la calidad de su poesía (eso ahora cuenta poco), cuanto por ser mujer, joven y de raza negra. Le llovieron las ofertas de traducción a otras lenguas, y al parecer ella deseaba que sus palabras fueran vertidas al holandés y que se encargara de la tarea Marieke Lucas Rijneveld. Según la prensa, «el perfil de Rijneveld, una joven no binaria, encajaba» para tan magna empresa, porque «tiene un estilo y tono propios, y ha puesto sobre la mesa temas como la igualdad de género y la resiliencia mental». Confieso ignorar a medias qué significa «no binaria» e incluso «sí binaria», y tampoco descifro con claridad ese tema de la «resiliencia mental». Deduzco algo sobre lo primero al leer, líneas más adelante, que Rijneveld «se identifica como chico y chica a la vez». Supongo que eso tendrá sus ventajas, pero también dificultades. Lo que no se me alcanza es por qué todo esto faculta a una traductora o traductor para hacer bien su trabajo. Fui traductor bastantes años, y lo requerido era buen conocimiento de las lenguas de partida (inglés en mi caso) y llegada (español), así como ciertas dotes para la escritura. Nada más.

La editorial holandesa (casualmente la misma que publica mis libros, y no sé yo, a la vista de su papelón en este asunto) defendió así su elección: «Ambas autoras son jóvenes y tienen mucho éxito, y sin miedo a decir lo que piensan». Que yo recuerde, lo que piense un traductor es irrelevante: ha de limitarse a poner en su idioma un texto lo mejor y más fielmente posible, así le guste o repugne. Sin embargo, las redes y algún artículo idiota de prensa (queda señalado el diario *Volkskrant*) se sublevaron porque Rijneveld es blanca, lo cual es frecuente en Holanda, y eso la invalidaba. «Sólo una persona del mismo color de piel que Gorman podría traducir adecuadamente sus poemas.»

En verdad esta anécdota supera en imbecilidad a las infinitas imbecilidades que desde hace décadas padecemos a diario, con un grado de bizantinismo casi imbatible. Según estos razonamientos —por darles honroso e inmerecido nombre—, yo nunca debería haber traducido a Auden ni a Frank O'Hara ni a Ashbery, siendo ellos homosexuales y yo heterosexual. Ni a Isak Dinesen, al ser ella mujer y yo varón. Ni a Conrad, al no ser yo polaco de nacimiento ni haber aprendido mi lengua literaria a los veinte años, como él la suya. Y en realidad no sé cómo me atreví con Sterne, Stevenson, Sir Thomas Browne, Faulkner, Hardy, Nabokov, Yeats, estando todos muertos entonces y yo en cambio vivo. De acuerdo con estos criterios dementes, Yo-Yo Ma o Seiji Ozawa no podrían interpretar a Haydn, Bach, Beethoven o

Mozart, siendo asiáticos el violonchelista y el director, y europeos y blancos los compositores. A Ralph Ellison o a Zadie Smith sólo podrían traducirlos negros o «aproximados», por difícil que resultara encontrar traductores competentes de sus razas en Rusia o Hungría o Japón o China, por ejemplo. Y ningún negro ni asiático ni heterosexual ni mujer debería osar ponerse a traducir a Proust, así como ningún homosexual ni mujer ni negro a Hemingway, por dudas que afloren a veces sobre su sexualidad. A mí, dicho sea de paso, me han vertido excelentemente a sus lenguas una inglesa, una holandesa, una húngara, una francesa, una italiana...

Pero Rijneveld, asustada por las feroces críticas, renunció al instante: «Entiendo a la gente que se siente herida por mi elección», dijo. Y la editorial, a su vez, se sometió: «Queremos aprender de esto dialogando», y ya busca a alguien que comparta color de piel con la autora. Bien podría ser la activista de origen surinamés que se encargó de manifestar su indignación en *Volkskrant* y la de «muchos otros que expresaron su dolor, frustración, enfado y decepción». Santo cielo, tanto agravio, tanto desgarro y tanto drama por la traducción de un poemario.

El asunto es tan ridículo que no sé ni por qué me ocupo de él. Pero es que refleja demasiado bien uno de los grandes problemas de nuestro tiempo: ¿por qué *nunca nadie* —aquí Rijneveld, la editorial, el diario o la propia Gorman— se planta ante el cretinismo imperante, se niega a obedecer a los oportunistas lunáticos y dice sin más: «No, esto no procede, porque es una tremenda idiotez»?

28-III-21

Los versos de mírame y no me toques

Tras la columna del pasado domingo, me quedé dándole vueltas a la cuestión. Trataba sobre esa imbecilidad suprema —les recuerdo— de exigir que los traductores de la joven poeta Gorman sean como ella, mujeres negras y activistas. Al caso de la holandesa «no binaria» que fue vapuleada en las redes por ser blanca, se unió poco más tarde el del traductor catalán Obiols, de amplia trayectoria, quien, una vez completado su encargo de verter a su lengua los versos de mírame y no me toques, lo vio desechado por ser varón, blanco, sesentón y «no activista». No sé si sus faltas iban en este orden, tanto da.

Este artículo de hoy ofenderá a la Internacional Bienqueda, que a menudo coincide con la Falaz, pero ya digo que las implicaciones del estupidísimo asunto me dieron que pensar. Imaginen, si es posible, que el veto hubiera sido a la inversa. Es decir, un joven poeta blanco, estadounidense, va a ser traducido, en Holanda o donde sea, por una mujer negra y madura. Las redes sociales se sublevan. El diario *Volkskrant* (de gran prestigio en los Países Bajos) presta su tribuna a un activista blanco para que arremeta contra la elección. La editorial Meulenhoff reconsidera su decisión y se dispone a buscar un «perfil» de traductor adecuado, que evite «el dolor, la frustración, el enfado y la decepción de muchos». La traductora de raza negra renuncia al instante y declara: «Entiendo a la gente que se siente herida por mi elección». En realidad todo esto es inimaginable hoy. Se habría armado la de San Quintín. El grito de «¡Racismo!» habría resonado en todo el planeta. Se habrían sucedido las acusaciones —justificadas— de supremacismo, discriminación por sexo, edad y color de piel. *Volkskrant* habría perdido suscriptores y habría implorado perdón. El autor de la tribuna habría tenido que desaparecer. Meulenhoff habría sufrido una brutal campaña de descrédito. Y al joven poeta nadie le habría vuelto a publicar un verso, ni en su nación ni en ningún otro lugar, por pretencioso, quisquilloso, divo y por supuesto racista impresentable.

Todo justo y merecido, porque resultarían intolerables objeciones y vetos así, propios de los Estados sureños (Georgia, Alabama y demás) en tiempos por fortuna pretéritos. Que los negros allí fueron esclavizados, perseguidos, despreciados, linchados hasta bien entrado el siglo XX, es cierto e innegable, y hay que permanecer alerta para que nunca vuelva a ocurrir nada remotamente parecido. Sin embargo, ¿eso supone patente de corso para un descarado racismo contra los blancos, como si todos los de esta raza fuéramos dueños de plantaciones y latigáramos a esclavos, como si tuviéramos la culpa de lo que otros hicieron hace siglo y medio y más? ¿Es este racismo aceptable y bueno en sí mismo? Al parecer sí. E incluso recomendable, pues no son escasos los blancos que se fustigan por su color de piel, tal es el pavor a ser tachado de «racista» si no se odia uno a sí mismo. Al lado de semejantes autocríticas, las que Stalin inducía en sus purgados resultan casi benévolas.

Algo semejante sucede con el machismo «tóxico» e invasor. En la última gala de los Goya, un micrófono captó una voz anónima y grosera que, según desfilaban actrices y presentadoras, hacía comentarios soeces o denigrantes. No eran muy distintos, no obstante, de los que numerosas mujeres, en privado al menos (y el anónimo creía hablar en privado), hacen sobre los hombres: «Mira qué culo, qué pectorales, qué paquete», y demás.

Se leen en las novelas semiporno aún llamadas «románticas» (vayan a saber por qué), escritas y leídas sobre todo por mujeres, y en los programas de televisión, y a raudales en las bastas comedias (series y películas) españolas. En bocas femeninas, nada de esto suscita indignación: desde luego no en los varones (mucho más tolerantes); y para las lectoras y espectadoras es motivo de celebración: «Ay, qué saladas, ay qué risa, tienen razón, ése está para comerle la polla sin más preámbulo». No son infrecuentes estas zafiedades.

Supongo que hay cierta explicación para tan opuestos baremos: los blancos no están inermes (véanse los repugnantes grupos supremacistas dignificados por Trump y la Fox), ni los varones indefensos. Es incomparable el riesgo que corren con el de negros, asiáticos, judíos y mujeres. Ahora bien, ¿justifica esto que se los maltrate de palabra, se los juzgue con tremenda severidad, se los veje, se los vete para una mísera traducción? La traductora holandesa blanca y el traductor catalán hombre se ganan la vida con su profesión. Descartarlos por el tono de su piel, su sexo o su falta de juventud, ¿no es acoso y discriminación laboral? ¿No se los ha privado de una oportunidad por razones que nada tienen que ver con su competencia en el oficio? En fin, en fin. Irrítese ahora la Internacional Bienqueda o Falaz, sulfúrense los actuales inquisidores. Como no tengo cuenta en Twitter, no me la podrán bloquear como a Obiols. Me podrán echar de esta página, tal vez. Poco importa, porque no le veo sentido a escribir en prensa para no decir la verdad, o sólo para lo que tantos y tantas escriben: justamente, quedar bien.

4-IV-21

Cine para ver mejor

En 1994 publiqué un artículo titulado «La foto»,* sobre una —menos famosa entonces que ahora— que mostraba juntos a Franco y a Millán Astray. Aquel texto se me agradeció mucho. No sé si hoy habría pasado lo mismo, porque está mal visto —¿qué no estará mal visto en esta época opresora?— hablar del aspecto de las personas. Y cierto, uno no debería meterse con nadie por ser obeso a su pesar, ni por tener ojos saltones o una nariz ganchuda. De eso nadie es culpable. Pero hay una parte considerable del aspecto que se debe a la elección de cada individuo; y los gestos, las miradas, las expresiones, la manera de hablar, el vocabulario, son elementos que desde siempre nos permiten hacernos una idea de con quién nos la estamos jugando, y nos invitan a ser confiados o precavidos, a bajar o alzar la guardia; y a eso no podemos ni debemos renunciar, sobre todo con los políticos, dados al engaño por vocación o necesidad. El rostro y los ademanes de los escritores, pintores, músicos, incluso actores, poco importan, porque carecen de poder sobre nosotros. A mí Neruda me recordaba a un batracio, pero eso no impide que miles de almas leviten con sus versos. Qué más da quién esté detrás de ellos.

Lo que me extrañaba de aquella foto era, si mal no recuerdo, que, de haber visto la gente a esos dos sujetos en una película, habría sabido al instante que se trataba de un par de facinerosos sin clemencia. El gesto de los dos

---

* El texto se publicó en *El País* el 22 de abril de 1994; recogido en *Vida del fantasma* (Alfaguara, 2001) y en *Donde todo ha sucedido* (Debolsillo, 2009). *(N. del E.)*

militares era chulesco, parecían a punto de soltar un esputo, y la pinta era inequívocamente siniestra, como para cruzarse de acera. En su día, sin embargo, fueron adorados y vitoreados por masas. Más diáfano aún es el ejemplo de Hitler. Al cabo del tiempo nos resulta inexplicable que alguien tan palmariamente ridículo —el bigotito, la cortinilla, el histrionismo, la iracundia— fuera endiosado por sus compatriotas y media Europa. Lo preocupante es que aquella ceguera de los años treinta se reproduce en el siglo XXI, cuando contamos con muchas más imágenes de los líderes. Los vemos demasiado, en movimiento, en color, en primeros planos, gesticulando, oímos sus voces y escrutamos hasta su último parpadeo. Y aun así seguimos sin ver nada. Por favor, hagan la prueba de imaginarlos no en la realidad en la que están, sino en una película o serie. En ellas captaríamos al primer vistazo que Trump es lo que efectivamente fue y es: un empresario sin escrúpulos, un *boss* desalmado, un ególatra rencoroso, y aguardaríamos sus felonías. Algo no muy distinto veríamos en Boris Johnson, sólo que más disimulado, por despeinado y gordachuelo por elección, con una dicción repulsiva que lleva a desconfiar de cada palabra pronunciada por él (hay que oírlo en inglés, pero no en otra lengua lo oyen quienes lo han votado). Los rasgos y la ausencia de expresión de Putin son de dibujo de Tintín o de película ya anticuada: su rostro impávido y afilado, sin apenas huellas de la edad (casi como si le hubieran pasado una esponja que se las borrara), sólo sería aceptable como el de archienemigo de James Bond (se asemeja al actor Vladek Sheybal). A Bolsonaro basta ponerle hombreras, galones y cuello napoleónicos para encontrarse delante a uno de esos generales bobalicones que pierden el juicio justo antes de la batalla y conducen a su ejército a la destrucción. López Obrador es más difícil, pero si se fija uno en sus dientes en exceso uniformes o postizos, en su media sonrisa fría, en sus ojillos malignos, se percatará de que se trata de un taimado, resentido con la Creación. Y así tantos y tantos: no hay más que trasladarlos al celuloide (o a lo que se utilice ahora en cine) para saber con claridad cómo son, quiénes son, y que no se les puede votar.

En España, la figuración es nítida a veces y otras no. Me temo que Pedro Sánchez, con su apostura vacía y robótica, se parece demasiado a las versiones más sosas de Clark Kent, que anulan cualquier posibilidad de transformación en Superman. Iglesias optaría a varios papeles: desde bandolero mexicano en *El tesoro de Sierra Madre* hasta segundo de Fu Manchú (para quienes recuerden a aquel genio del mal), hasta el flagelante monje Rasputín en una cinta sobre los zares. En todo caso, la foto de hace semanas junto a Ábalos lo decía todo: miraba a este torpe ministro de reojo, con una dureza, un desprecio y una inquina que en verdad helaban la sangre. De haber sido el fotograma de una película, habríamos adivinado al instante qué fin le preparaba al torpe. A la cuasi ministra Belarra no logro verla fuera de *El exorcista* o *La maldición de Damien*, con esos ojos gélidos e impiadosos. A los políticos de Bildu y a los independentistas catalanes —de Borràs a Torra, de Rufián a Cuixart, no digamos los de la CUP— parecen reclutarlos en los peores tugurios (cinematográficos) del puerto barcelonés de antaño o de poblaciones muy cerradas y malsanas: gente arcaica, en todo caso. El presidente de Murcia surge de un burdo *western* almeriense (y no precisamente como Eastwood ni Van Cleef). Monedero, de un despacho de la Stasi o de la KGB; Abascal es la viva imagen del moro traicionero que solía haber en las películas medievales; Rocío Monasterio, una versión menos agraciada de la madrastra de Blancanieves... Y así hasta aburrirse. Se lo ruego, moléstense en este inocuo y modesto ejercicio de ficcionalización. Apuesto a que verán mejor.

11-IV-21

La industria de la maledicencia

Este es un país tan dado a la maledicencia que ha creado una potente industria en torno a ella, y así ha contaminado todo. Todos esos programas y revistas de cotilleos son el alimento diario de una considerable parte de la población. Ahí no hay curiosidad por las vidas ajenas (algo menos que más comprensible, pero bueno), sino voluntad de hacer daño y de ultrajar, despellejamiento nada encubierto. Ese ánimo se ha trasladado a la política y a demasiados ámbitos, y las redes sociales no han hecho sino multiplicarlo por millares. En éstas hay poco más que invectivas, burlas, comentarios malsanos, malignidad hacia cualquiera, sea un particular o muy famoso. Nadie se libra, pero quien se convierte en figura pública está acostumbrado a ser zaherido (también a recibir algunos halagos). Lo mejor que puede hacer es no prestar atención, o algo más difícil, no enterarse. Sí, esto último es casi imposible, porque si alguien dice o escribe de uno algo desagradable, los periodistas lo repetirán y destacarán. Si un escritor publica sus diarios, o sus memorias, o su correspondencia, lo único en lo que se fijará la «prensa canallesca» (así llamaba el franquismo a toda) será en si habla mal de tal colega o editor o crítico, si «ajusta cuentas», si echa pestes. El esfuerzo del autor por explicarse o relatar su vida quedará anulado por el regodeo que sentirán plumillas y lectores chismosos al descubrir cómo pone a Fulano o Mengano a caer de un burro. Es lo que se ha subrayado recientemente con obras de Caballero Bonald, Marsé y Jaime Salinas (sus cartas privadas): se ha señalado sobre todo con quiénes se metían o de quiénes se mofaban, lo único de valor, según parece. Precisamente por eso no se me ha ocurrido asomarme a tales obras, que a lo mejor poseen virtudes. No sólo por ahorrarme alguna posible anotación agria respecto a mí por parte de personas a las que he profesado simpatía; también porque no me apetecían comentarios de esa índole sobre terceros, así pudieran parecerme merecidos.

Todos los hacemos y los hemos hecho en privado: en cartas, en una cena, por teléfono, en *sms*, en tuits y *mails* quienes los empleen. Pero, cuando los leo en otros, el efecto que me producen es muy negativo para sus autores. Es como si me los mostraran en sus peores facetas: la del desdén, la del resentimiento, la del cabreo, la del engreimiento, la de la displicencia o la mala uva. Todos, insisto, albergamos estas facetas, e incluso pueden resultar divertidas y ser celebradas por nuestras amistades... de nuevo en privado. En cambio, cuando se publican, en el silencio frío de la letra impresa, resultan antipáticas y rencorosas y mezquinas, y para mí no es grato comprobar cuáles eran las opiniones «sin pelos en la lengua» de un colega sobre los demás; sobre mí, todavía menos. Quienes dan a la luz este material en vida se hacen un flaco favor, desde mi punto de vista. Se ganan el desafecto de sus «damnificados», en ocasiones póstumamente; y ante sus lectores y admiradores se aparecen desaseados, feos, encabronados, quejosos, viperinos, acomplejados o envidiosos, según el caso. A quienes los herederos les publican estos desahogos contra su voluntad, mala suerte y descendientes peseteros, a los que no les importa ensuciar la imagen de quien les da beneficios.

¿Y cómo va a importarles, si la industria de la maledicencia jalea y aplaude la aparición de cualquier texto malintencionado, calificándolo a menudo de «honesto» o de «valiente»? Admirando mucho a los dos, no quise leer el *Borges* de Bioy Casares. Sin duda tendrá interés y brillanteces, pero me niego a asistir a los chismorreos de un par de hombres inteligentes que se reunían a cenar casi todas las noches, quizá sin saber uno de ellos que el otro anotaba luego en casa el contenido de sus charlas informales. También las personas así quieren descansar a ratos de su inteligencia, pero nadie tiene por qué contemplarlos en sus remansos de abandono y malicia.

Lo peor, empero, no son las apreciaciones negativas de cada cual, sino el afán de las amistades en hacérselas saber a uno. Si yo prefiero ignorarlas; si no voy a buscarme en los índices onomásticos ni loco, ¿por qué hay siempre tantos empeñados en que me entere? Hay quienes se ofenden por uno y así te lo sueltan: «Estoy indignado con lo que de ti ha dicho Clemenza»; «Es intolerable la andanada que te ha lanzado Elvira Piñones», etcétera. O bien quienes te consideran un ingenuo y ansían desengañarte: «Tú te portas muy bien con Faltriquera, pero no sabes lo que dice de ti a tus espaldas». Lo cierto es que a menudo lo adivino, o no me extraña (bueno, a veces está uno en verdadera Babia, y el desengaño es oportuno), y trato de hacer caso omiso, hasta que la amistad de turno me lo imposibilita. Así lo obligan a uno a enfadarse, con Faltriquera, con Piñones, con Clemenza y con los mensajeros caritativos. En el mundo literario como en los demás: de todos nosotros hay quien habla mal, o nos detesta, da igual si somos científicos, políticos, tenderos, empresarios, zapateros o médicos. Un país que adora la maledicencia y su propagación, no es raro que acabe con frecuencia como el rosario de la aurora. Mi granito de arena para evitarlo: hace mucho que a nadie le voy con el cuento de lo negativo, y en cambio corro a contarles a todos los elogios que me llegan de ellos.

18-IV-21

Los calzoncillos de Conan Doyle

Un editor veterano ha encargado la publicación de su correspondencia con colegas, autores y agentes. En el elefantiásico reportaje que una revista dedica a tal acontecimiento (16 páginas) figura una también larga entrevista, y en ella el editor dice que «es una lástima» que yo no quiera publicar mi correspondencia con él. «A mí me encantaría», añade, «pero a él parece que no. Sería muy interesante, en especial» para mis lectores. En tan breve cita, el hombre se equivoca dos veces, pero a eso iré luego.

Unas fechas después, con motivo de la aparición de otra correspondencia, la mantenida entre un buen escritor y otro de repostería, me encuentro con las siguientes frases en una reseña sobre dicho epistolario: «La verdad de un escritor está en sus cartas, ese lugar en el que la privacidad invita a bajar la guardia, a escribir sin repeinar los instintos... Ahí van a parar debilidades y quejas, entusiasmos y reclamaciones, zozobras y vanidades». Es una creencia que se ha hecho común en las últimas décadas, incluso tópica. No puedo estar más en desacuerdo con ella. El mundillo cultural parece haber enfermado mortalmente de chismorreo, y ha perdido el punto de vista. Las páginas de Cultura están llenas de noticias sobre migajas: si se encuentra un inédito insignificante de un literato, corren ríos de tinta sobre ello, derramados probablemente por quienes acaso ni lo han leído. Si se descubre un episodio mínimo de la vida de un escritor, ocurre otro tanto, y los biógrafos oportunistas se apresuran a extraer conclusiones, a menudo absurdas si no malévolas. Ya hablé la semana pasada de lo que llama la atención en los diarios, memorias o autobiografías, a saber: de quiénes habla mal quien las entrega a la imprenta. Lo mismo ocurre con las cartas: se bucea en ellas para subrayar los aspectos más antipáticos, sórdidos o desdichados de quienes las escribieron. Gusta mucho saber que tal autor o autora pasó penurias y se rebajó por su causa; o que fue un ambicioso de mala ley o un quejica; o que fue lenguaraz y puso a caldo a sus colegas. Nada de esto pertenece a la esfera de la literatura, sino a la del cotilleo, como si gratificara enterarse de que tal o cual Gran Escritor fue, en su vida privada, un muerto de hambre o un vendido, un trepa, un envidioso o un desleal con sus amigos, o que se portó fatal con su mujer o marido.

Qué errado ese reseñista. *La verdad de un escritor* sólo reside en sus obras consentidas. Lo que llamamos *Shakespeare* es el conjunto de textos a él atribuidos, nada más. Así como lo que entendemos por *Cervantes* o *Proust* o *Montaigne*. Lo que les ocurriera a quienes estaban detrás de esos nombres es indiferente, como lo es lo que dijeran en confianza. Indagarlo y aventarlo es sólo curiosidad malsana, porque los libros encierran cuanto hay en ellos, no lo que se queda fuera. Sé que esta es una postura hoy anticuada. Cómo no va a serlo, cuando el deporte favorito de la prensa y las redes es rastrear indicios de racismo, machismo u homofobia en todo el que pasó por el mundo. Ha dejado de importar que Faulkner o Twain escribieran obras maestras, sólo cuenta que emplearon *la palabra con n* —como dicen los americanos pudibundos— en diálogos de sus obras, ergo... Da igual que Dickens o Eliot fueran portentos de la novela y la poesía, los condena que fueran infieles a sus mujeres o desabridos con ellas.

He dicho que el editor del principio se equivocaba dos veces al mencionarme. No es que yo no quiera que se publique mi correspondencia con él. Es que no deseo que se publique ninguna, de momento al menos, y mientras esté en mi mano autorizarlo o impedirlo. Y esas cartas no tendrían el menor interés para mis lectores, a los cuales, si algo, les importarán sólo mis libros. Si he rechazado varias veces que se reúnan en un volumen las abundantes misivas que crucé con mi admirado Juan Benet, de enjundia intelectual y literaria —por su parte, más que nada—, ¿por qué habría de querer que vieran la luz las que intercambié con un editor ya remoto? En su día leí las mías y las suyas, obvio, y creo recordar que su significancia literaria es nula, más allá del mencionado chismorreo para *enterados*.

Es ya moneda corriente considerar que los epistolarios forman parte de la *obra* de un autor. Y justamente no: la *obra* es sólo lo que ese escritor da a conocer en vida, voluntariamente y más o menos en plenitud de facultades. ¿Por qué nadie ha de leer las cartas enviadas a una persona con la que se hablaba en confianza y en privado? ¿Por qué nadie ha de asomarse a los arrebatos, lamentos, berrinches, maldiciones amorosas soltadas un día del que su autor ya no guarda memoria? ¿Por qué han de ser *rescatados* los denuestos o las lisonjas, las maldades de un mal momento, o el relato de una tristeza o agravio que se contó íntimamente a quien se tenía por amigo? ¿Por qué hay que fisgar en las debilidades y vanidades? El mundo actual finge admirar tanto a los maestros que se subasta hasta la lista de la lavandería de Conan Doyle. Vale para un fetichista que la adquiera a buen precio, pero ¿también es parte de su *obra* el número de calzoncillos y la frecuencia con que los enviaba a lavar? Por favor, dejémonos de tonterías y distingamos.

25-IV-21

Arrepentimiento simultáneo

Como si no nos hubiera puesto suficientemente en peligro, Isabel Díaz Ayuso nos convoca a elecciones innecesarias en plena pandemia y en día laborable. Los madrileños que vayamos a votar nos aumentaremos el riesgo al mezclarnos, y los de las mesas electorales pasarán expuestos la jornada entera. Digo mal «los que vayamos», pues aún no estoy seguro de incluirme. Sería la primera vez que me abstuviera; pertenezco a una de las generaciones que durante el franquismo deseaban poder votar entre diferentes partidos. A quien se le ha privado de un derecho fundamental, lo ejerce sin falta cuando lo recupera, en todas las ocasiones. Y sin embargo me planteo fallar el martes, porque mi conciencia se opone a depositar en la urna la papeleta de ningún contendiente.

Empecemos por los absolutamente descartados. Al PP no lo votaré jamás, y la culpa no la tienen sólo sus políticas corruptas y privatizadoras, sino el Gobierno de Aznar, que mintió a sabiendas sobre la Guerra de Irak y los atentados del 11-M, sin haberse nunca retractado ni disculpado (ni el PP de entonces ni el de ahora). Encima, su candidata ha gestionado la pandemia como si quisiera hacer una selección darwiniana (a ver quién es fuerte para salvarse del covid por su cuenta) o bien conducirnos a todos al matadero. En vista de que Madrid es la comunidad con más fallecidos, y la segunda con mayor incidencia y número de hospitalizados, ha decidido convertir la ciudad en el bar de Europa, atrayendo a millares de franceses e italianos (cuyos países sufren un altísimo porcentaje de infectados) que no vienen precisamente a visitar los museos. Hemos visto las imágenes de sus fiestas y borracheras, sin respeto por el toque de queda ni por las mascarillas. El centro, donde vivo, está plagado de estos contaminantes turistas que acuden en manada desde París, Roma y ciudades secundarias como Lille, Poitiers, Módena o Vasto, una oleada. Imposible consentir que nos siga gobernando alguien con tentación homicida.

Vox es un partido neofranquista, añorante de las procesiones y los señoritos de derechas (bueno, están muy vigentes ambos, y aun así los añoran mandando). En lo relativo a la epidemia, nos ha salido negacionista, como Bolsonaro y Trump, y ya ven la desorbitada cantidad de muertos del Brasil y los Estados Unidos. Una amenaza en todos los terrenos. En cuanto a Podemos, simétrica con Vox, es una formación de espíritu totalitario que agasaja a los herederos políticos de ETA y a los otros totalitarios del momento, los independentistas catalanes. La exigencia de Puigdemont de que por encima del Govern elegido esté un Consell por él nombrado a dedo y controlado, es tan insólita en democracia que no se entiende que tanto los catalanes como los podemitas como incluso sus aliados cuasi fascistas de Flandes no lo hayan declarado ya *persona non grata*. La opinión que me merece su candidato, Iglesias, la expresé en mi columna «Mala índole»,* de hace un par de meses, y en otras varias.

Más Madrid se diría más sensata y presentable que Podemos, pero no se me olvida que es un partido fundado y comandado por un peronista, Errejón, que, según contó su tronco Iglesias (hablo de árboles), tiene o tenía en su despacho un retrato de la demagoga Evita Perón, lo cual, salvando las no abismales distancias, viene a ser

* El artículo está incluido en este volumen, en pp. 24-26.

como tener uno de su comadre Carmen Polo. Es seguro, además, que sumarían sus escaños a los de Podemos, por lo que, votándolos, estaría uno votando también al espíritu totalitario.

Otro tanto sucede con el PSOE, y es un error que todos vayan anunciando con quiénes pactarán y se unirán, porque así imposibilitan que se los elija sólo a ellos: caminan con lastres y fardos. Claro que peor es mentir con descaro y sin explicaciones, como hizo Sánchez al jurar por sus insomnios. El daño infligido al PSOE con aquel engaño es inmenso, porque nadie cree ya en su palabra. Cierto que Gabilondo tiene un talante moderado y aspecto de honrado, pero obedecerá a su jefe, y sus promesas personales valen, por tanto, tan poco como las de quien le da las órdenes. Votar hoy al PSOE equivale a votar a gente sin crédito, y a meter en la gobernación de Madrid a los señoritos podemitas, Marx no lo tolere.

¿Qué queda? Edmundo Bal, de Ciudadanos, otro individuo insípido pero de apariencia decente, sin salidas de tono. Hay políticas de su partido que no me gustan nada, pero a estas alturas de la histeria eso empieza a resultar secundario, y la figura, por lo menos, no me provoca rechazo. Ha anunciado que no pactaría con Vox ni con Podemos, pero ay, sí con Ayuso, a la que mantendría en el cargo. No hay manera de meter un sobre en la urna sin arrepentimiento simultáneo, una calamidad. Cuando aún era desconocida, la actual presidenta, a una pregunta sobre sus aficiones literarias, contestó que leía sin cesar a Borges y que «no se perdía» una novela mía. Por Borges no puedo hablar, claro; pero en lo que a mis libros respecta, lamento mucho comunicarle que, en su beligerancia, en su falta de dudas y en su chulería, no reconozco el poso de esas lecturas.

2-V-21

Embadurnamiento

Cuando esto se publique, por fin estaremos libres de la nefasta, histriónica e interminable campaña madrileña, y cuanto voy a comentar estará probablemente eclipsado por acontecimientos aún peores. Nunca olvidaré el comportamiento de nuestros políticos durante la pandemia. En vez de aparcar su beligerancia hasta que hubiera pasado, y dedicarse a salvar vidas e intentar remediarla, la han aprovechado para despellejar al contrario, crear conflictos artificiales y sacar de quicio a la gente, como si no estuviera ya lo bastante sacada por la enfermedad, las muertes, la pérdida de empleos y el cierre de negocios. Unos políticos despreciables e indignos. Unos más que otros, desde luego, pero ya se sabe que cuando se arroja barro es muy difícil no participar y no mancharse.

De lo ocurrido en los últimos días (míos, no de ustedes), quizá lo más oprobioso ha sido la utilización del BOE a modo de editorial o tribuna de opinión por parte del Gobierno. Que en esa publicación, y como preámbulo a una ley, se afirme que desde la llegada del Gobierno de Rajoy «se inició un proceso constante y sistemático de desmantelamiento de las libertades» es algo que parece dictado por Puigdemont y compañía, quienes llevan años negando que España sea una democracia. Pero los textos del BOE son del Gobierno de la nación, con obligada rúbrica del Rey. De ser cierto lo entrecomillado, digo yo que nos habríamos enterado de que en 2011 se instauró una dictadura, y, aparte del redactor anónimo de dicho preámbulo y de sus palmeros, ninguno vimos eso por ninguna parte. El PP aprobó leyes pésimas e injustas —me temo que como casi cualquier Gobierno—, pero de ahí a «un desmantelamiento sistemático y constante de las libertades» media un abismo. Que eso aparezca en el BOE, y no en una columna periodística, es escandaloso e insólito salvo en los respectivos reinos de Maduro, Putin, Erdogan, Daniel Ortega y Bolsonaro.

También ha resultado inaudito que los «antifascistas» vallecanos arrojaran adoquines a quienes participaban en un acto de Vox. Se trata de una formación hedionda, con una candidata a la altura, pero no más pestífera que Bildu, a cuyos dirigentes abraza Iglesias y con los que pactan Sánchez o Chivite en Navarra. Al menos Vox no tiene en su genealogía más de 800 asesinatos. Todavía más inaudito fue que el candidato Iglesias aplaudiera a los apedreadores (bueno, su voz Echenique ya alentó a los mastuerzos que arrasaron Barcelona por la condena al truculento rapero de Lérida) y culpara a Vox por hollar su antiguo barrio, por él mismo abandonado. Intolerable fue el envío de cartas con balas al mismo Iglesias, a Marlaska y a Gámez, de la Guardia Civil. Aunque parezca obra de un solo odiador, y no de una organización tipo ETA (que así se anunciaba a sus víctimas), el hecho es abominable, como lo es que Monasterio pusiera en duda su veracidad y le restara importancia. Nadie merece esas misivas.

Quienes están cometiendo las mayores vilezas, sin embargo, son el Govern de Cataluña y sus órganos. Ha sido reveladora la suspensión de la vacunación contra el covid a los policías nacionales y guardias civiles allí destinados y que allí sirven y ayudan a la población. Deja claro que ese Govern ha optado por tratar a los «españoles» como Netanyahu a los palestinos, por no remontarnos más lejos. Lo asombroso es que el Gobierno de todos los españoles no tenga reparo en pactar y gobernar con el apoyo de los racistas Esquerra, JuntsxCat y la CUP. Desde su televisión, TV3, pagada de nuestros bolsillos, se ha calumniado ferozmente al escritor Javier Cercas. Una vez desatadas las burdas tergiversación y difamación, a ellas se apuntaron corriendo, para su imperecedera vergüenza, periodistas, «colegas» y políticos independentistas, llegándose a comparar a Cercas con Karadzic, masivo asesino de bosnios. La bajeza moral de esta campaña carece de parangón en democracia, se parece a las de Falange, la Gestapo, el stalinismo y el franquismo. Lo único que ha hecho Cercas es valerse de la palabra y expresar con elocuencia y argumentos su postura contraria al *procés*, denunciando con acierto su carácter totalitario e impositivo. ¿Qué mayor prueba de lo adecuado de su diagnóstico que esta tentativa de embadurnarlo, es decir, de embadurnar al disidente?

Claro que no es el único caso de acoso y señalamiento de periodistas. En este diario lo he leído tarde y mal, no así en otros: el Consejo de Informativos de TVE ha dado amparo a sus reporteros ante las acusaciones de Comisiones Obreras —lástima de sindicato histórico, convertido en palafrenero de Podemos— de «favorecer a la derecha y a la ultraderecha y estar contra Iglesias y Podemos». ¿El motivo? Según los profesionales de la cadena, ese partido «NO convoca a los medios de comunicación. Sólo ofrece vídeos editados y "autodeclaraciones" de Iglesias grabadas. Dan un producto empaquetado y ni siquiera existe posibilidad de intentar preguntar». Que esos profesionales se nieguen a difundir tal propaganda, «que vulnera derechos fundamentales», equivale, según la lacayuna CC. OO., a «favorecer a la derecha y a la ultraderecha». Si el pobre Marcelino Camacho levantara la cabeza, creo que se sentiría deprimido y avergonzado.

9-V-21

Pobres turistas y pobre historia

En esta época de pandemia y semiconfinamiento, casi todas las mañanas doy el mismo paseo o parecido. Para no aburrirme en exceso de la reiteración, me ha dado por contar cuántos perros veo y cuántas personas sin mascarilla o con ella bajada, a lo largo de hora y cuarto más o menos. Y con ambos cómputos me quedo atónito, porque suelo divisar entre cuarenta y cincuenta caninos en ese espacio de tiempo, y rara vez menos de veinte individuos destapados, cuando el embozo es obligatorio (no cuento los de las terrazas, por cierto, que también deberían permanecer cubiertos salvo para dar sorbos o bocados). Algunos se echan un pitillo (soy fumador, pero no en la calle desde que nos llegó el virus), otros se comen una palmera o un plátano, o beben, o hablan por el móvil o se limitan a mirarlo, otros se destapan porque les da la gana, otros trotan o pedalean o son franceses, otros pasean un perro o varios y se sienten protegidos por esas deidades. La locura con estos animales es rara. Antes solía haber alguna gente con perro; ahora parece uno un canalla si no posee el suyo, o mejor tres o cuatro. Una estadística que leí hace años decía que en el país había unos 8 millones de ellos, uno por cada cinco españoles. Los paseadores están esclavizados (claro que luego abandonan a unos 200.000 al año), los chuchos esclavizados y desquiciados porque viven encerrados en pisos exiguos, y aquéllos les hablan a éstos como si fueran niños: «Salomón, ¿cuántas veces te he repetido que no te metas por ahí?». No se dan cuenta de que, por veces que se lo hayan dicho, Salomón no entiende ni tiene memoria. Oye como nosotros oímos sus ladridos.

Dado que mi paseo es por el Madrid de los Austrias, me distraigo escuchando a los guías que les explican a los turistas cosas de la historia de España. Ignoro si son «titulados», por decir así, o espontáneos que se buscan la vida. Vaya mi respeto por quienes intentan ganársela como sea, en estos tiempos menesterosos. Pero en ocasiones me invade la estupefacción al oír las trolas que cuentan a sus guiados, con tendencia a lo macabro, y el lenguaje que emplean. Y me pregunto si los turistas se creerán lo que les sueltan y si se marcharán satisfechos de haber aprendido algo de nuestra historia. Probablemente, dado que la ignorancia es hoy «transversal» y transfronteriza. Lo que más risa me da (risa interna) es cómo ciertos guías se la relatan (no todos, hay buenos profesionales). Hoy está mandado que cualquier lección sea «accesible», «divertida» y «desenfadada», así que han llegado a mis oídos perlas como esta: «Bueno, bueno, bueno: los Austrias eran los tíos más egoístas y cabrones que os podáis echar a la cara, *Bros*», como si su público fueran adolescentes pandilleros negros americanos (y no: eran españoles adultísimos). Dejando de lado la imposibilidad de echarse hoy un Austria a la cara, con esas supercoloquiales palabras el hombre se había cargado de un plumazo, entre otros, a Carlos V y a Felipe II. Observo que todos se ponen las botas con Carlos II: «Encima eran unos tíos que se casaban con primas, sobrinas, medio hermanas, y ya sabéis que eso da churumbeles muy chungos. ¿Y cuál es la primera obligación de un rey?». «Tener descendencia», apunta una turista. «Exacto: los churumbeles. Pues les salían cada vez más raros con eso de no renovar la sangre, y la cosa se les puso tan cruda que un día el heredero fue éste.» No falla: los guías portan unas láminas, y aquí exhiben la del retrato que, si mal no recuerdo, le pintó Carreño de Miranda al Hechizado. «Qué pintas, no es raro que lo llamaran El Hechizado con esta jeta» (sin reparar en que a veces, entre sus «discípulos», hay alguien que se parece no poco a Carlos II). «Este fulano torturaba animales de niño y estaba como una chota, un inútil completo. Pero como había que salvar la dinastía, la Casa Real se empeñó en que preñara a alguien. Y digo yo: ¿no os parece que con este ejemplar más valía que dieran la dinastía por podrida? Así que le ponían mujeres a huevo, a ver si había suerte. Pero claro, el muchacho no era fértil, vamos, que no se le levantaba, también en eso un desastre.»

En la Plaza de la Villa, donde cuenta la leyenda que estuvo preso en una torre el rey de Francia Francisco I, adornan el episodio con truculencias imaginarias. «Aquí se les tenía tanto asco a los franceses, que nos invadieron, que a este rey, en su cautiverio, le arrancaban las uñas de los pies en cuanto le crecían, y los carceleros le decían con risas: "Te va a costar caminar con gracia sobre tus alfombras, cuando regreses". Muy hijos de puta, los carceleros.» También he oído una iluminadora disquisición sobre el herreriano: «Esto es de estilo herreriano, que es el estilo de El Escorial y del Ministerio del Ejército del Aire, que es del siglo XX. ¿Qué quiero deciros con esto? Pues que se convierte no ya en el estilo nacional, sino en el imperial, porque España era un imperio cuando se edificó El Escorial». Los turistas asentían y eso fue todo.

Insisto: cada cual se gana la vida como puede, engaños incluidos. Pero cada vez que escucho a estos guías tan «colegas», y es casi a diario, me alejo pensando: «Pobre historia de España y pobres turistas».

16-V-21

Admiración y agradecimiento

Siento admiración y agradecimiento infinitos por muchos escritores del pasado y unos pocos del presente, su número va menguando; si por culpa suya o mía, me es imposible distinguirlo. Pero, dado que soy capaz de escribir novelas y cuentos, y de traducir poesía, resto algo de mérito a esas actividades a mi muy inferior alcance, y mi agradecimiento y mi admiración se redoblan por aquello que no sé hacer ni sabría: la pintura y sobre todo la música, quizá porque la segunda brinda un placer más duradero. Venero tanto a los compositores como a los intérpretes, acaso más a éstos porque la mayoría de aquéllos que me maravillan están muertos desde hace demasiado tiempo. Hasta de la desaparición de Stravinsky se cumplen ahora cincuenta años... Además, los intérpretes son quienes ejecutan la música y la mantienen viva. Sin sus voces y sus sonidos sólo tendríamos partituras mudas que yo ni siquiera sé leer ni imaginar. El hecho de estar acostumbrado a la música desde la temprana infancia no disminuye mi asombro cuando les oigo o veo en acción. Desde pequeño asistí a conciertos de mi tío director de orquesta, Odón Alonso; parte de mi niñez y toda mi adolescencia las pasé bajo los continuos ensayos de flauta de mi hermano Álvaro, con el que compartía habitación en teoría, porque de hecho acababa expulsándome de ella con sus prácticas interminables. Ahora le tengo la misma admiración y el mismo agradecimiento que a casi todos sus colegas: es capaz de tocar fantásticamente a Mozart, Vivaldi, Telemann, Debussy, y así me deja pasmado. Más aún me pasma mi sobrino Alejandro, hijo suyo al que vi nacer: domina estupendamente el violonchelo, y por lo tanto es capaz de enfrentarse a las *Suites* de Bach y a otras piezas complicadísimas. No menos boquiabierto me quedo cuando oigo a mi amigo Nicholas Clapton, contratenor, cantando un aria de Haendel o Purcell o un *Lied* de Schubert.

Hace poco me encontré por sorpresa, en el canal Mezzo, con unos solistas, una orquesta y unos coros que interpretaban *Welcome to All the Pleasures. Funeral Sentences for the Death of Queen Mary,* precisamente de Purcell, que murió joven, a los treinta y cinco de Mozart o con treinta y seis a lo sumo. Esa música fúnebre (alegre y plena de celebración a ratos) la compuso en 1694, un año antes de su propia muerte, y encierra pasajes sublimes. Que esos solistas, la orquesta y el coro me permitieran escuchar lo que nació hace 327 años como si sonara por vez primera, me produjo un entusiasmo parecido al que sentiría cualquier oído que no conociera música alguna. Estamos tan habituados a ella que a menudo no reparamos en el milagro que supone la conjunción de todos los instrumentos, cada uno con su dificultad endiablada, o la armonía de las voces del coro, cuyos miembros tal vez se tengan en poco, pensando que no han destacado lo suficiente y que no serán más que eso, componentes de un coro, tan imprescindibles, sin embargo, como los solistas. Algunos de éstos, por cierto, poseían rostros extraordinarios: uno parecía el cuadro de un sicario o un déspota italiano del Renacimiento.

A otros, sin embargo, las filmaciones no los ayudan, así que, pese a lo valioso de esos canales de clásica, creo que prefiero oír la música sin imágenes. Había un pianista, hace unos días, ataviado con una casaca de cosaco ruso de seda gris brillantosa: un patético imitador de Miguel Strogoff (para quienes recuerden al héroe de Verne), y encima no era ruso sino italiano, y ponía sin cesar cara de lelo. Me costó sobreponerme a la visión, pero al final no pude por menos de admirarlo y de agradecerle sus competentes *Nocturnos* de Chopin y su sonata de Schubert. Los cretinos directores de escena de las óperas actuales lo ponen aún más difícil: es casi imposible superar el rechazo que provoca ver *Las bodas de Fígaro*, de Mozart, con los personajes gastándose chupas de cuero, botitas vaqueras de fantasía y chaquetas a lo Buffalo Bill. Cada vez que aparecen los de Wagner, Monteverdi, Verdi o Bizet (tanto da) disfrazados por enésima vez de subnazis de guardarropía (¿no se percatan de que nada original hay en eso, un recurso trillado desde 1950 o antes?), maldigo al director de escena casi tanto como a los de teatro, que con frecuencia incurren en las mismas antigüedades y chorradas. (Ojo aquí: la última vez que escribí que el teatro contemporáneo para mí no era,* recibí una lluvia de improperios de actrices y actores, y un dramaturgo se dirigió a su público antes de un estreno: «No hagan caso a Javier M.». A continuación, reparado su orgullo con su alocución, dio paso a su bobada.) En fin, lo siento. Hoy veo a otro pianista con su Beethoven, pero a su alrededor —váyase a saber por qué— un bailarín con camiseta de tirantes no para de dar brincos y molestarlo. Si me sacan a Orfeo con gabardina, o, peor, a Falstaff y al Príncipe Hal o al coro de las valkirias cagando al unísono en escena, la admiración se me hace cuesta arriba. Y aun así acabo sintiéndola, porque los pobres cantantes no tienen culpa de las sevicias a que los obligan los tiranuelos y cantan magníficamente, imponiéndose con mérito a las caprichosas groserías. Por fortuna, la música puede con todo. Vaya aquí mi homenaje imperecedero y constante a cuantos la hacen posible.

23-V-21

* En el artículo «Ese idiota de Shakespeare», publicado en el suplemento dominical *El País Semanal* el 22 de enero de 2017 y recogido en *Cuando los tontos mandan* (Alfaguara, 2018). *(N. del E.)*

¿Responsabilidad individual? ¿De qué habla?

Cada vez que oigo a uno de nuestros gobernantes apelar a la «responsabilidad individual» de los ciudadanos para superar el coronavirus, no sé si echarme a reír o enfadarme al ver cómo nos toman por enésima vez el pelo, o si llorar al comprobar —en el supuesto de que lo digan de veras— lo soberanamente tontos que son. Apelar a eso en una época y un país como estos es una muestra más de la vagancia que domina a los dirigentes. Parece que se pasen la vida suspirando y quejándose: «Huy, qué pereza, tener que legislar y tomar decisiones, reunir al Congreso para prolongar el estado de alarma y soportar los insultos de la oposición, debatir con las comunidades autónomas: que cada una se ocupe y haga lo que se le antoje, y si no los jueces: que autoricen o no lo que aquéllas les pidan sin preocuparse de si sus colegas de al lado opinan lo contrario y se contradicen unos a otros, allá ellos. Cualquier cosa con tal de quitarnos el muerto de encima. Y además, está la responsabilidad individual de cada español, ellos son los que se contagian y enferman y sabrán qué les conviene hacer o no. Eso, que se hagan cargo, que nosotros tenemos que departir con Macron, Von der Leyen o Merkel». Lo único en lo que son diligentes nuestros gobernantes (Montoro como Montero) es en recaudar dinero de todas las maneras imaginables, con impuestos directos e indirectos, con cambios de criterio retroactivos, con tasas y peajes, con multas e intereses que ellos jamás abonan si se retrasan, con inspecciones e interpretaciones arbitrarias en las que a la vez son inapelable juez e interesadísima parte. Ante Hacienda no hay argumentación que valga.

En verdad es ridículo que se invoque continuamente algo que es palmario que apenas existe. ¿Responsabilidad? Hace ya décadas que nadie la tiene de nada. Los culpables siempre son otros, y si no, lo es «la sociedad injusta, que me ha obligado a cometer crímenes y me ha frustrado y humillado desde el día de mi nacimiento». Y, claro, a la cabeza de los irresponsables están precisamente los altos cargos que luego exigen responsabilidad a la gente. ¿Y cómo va la gente a reconocer la suya si se mira en el espejo de tantísimos líderes que nunca reconocen un error, un despilfarro, una malversación ni un daño, no digamos una sisa? ¿Creen ustedes que se le pasará alguna vez factura a Colau por el destrozo y afeamiento sin precedentes de la hermosa Barcelona? ¿Creen que alguien se la ha pasado a los varios alcaldes y alcaldesas de Madrid que han gastado a manos llenas en obras inútiles o perjudiciales? ¿Que alguien va a reclamarle a Esperanza Aguirre los millones de euros tirados a la basura con su pomposa Ciudad de la Justicia, cuyo único y costoso edificio es una semirruina en un descampado? Es inverosímil, pero a los políticos nunca se les piden las cuentas que sí se les piden a empresarios, banqueros, médicos, jueces, ingenieros, y hasta a la cajera del supermercado si las suyas no cuadran.

Si el Gobierno PSOE-Podemos, al negarse a ampliar el estado de alarma, creía en la «responsabilidad individual» para la contención de la epidemia, entonces es más idiota de lo que se percibe. Las fiestas y botellones de la madrugada del 9 de mayo le habrán abierto los gandules ojos. Lo incomprensible es que no previera lo que estaba cantado para cualquiera con diminuto cerebro, y que en seguida habría una avalancha de viajes a ver a los parientes o a las playas. Que no adivinase que, en una sociedad con graves dificultades intelectivas, demasiados ciudadanos confundirían el término de la alarma con el término de la plaga. Ante una situación así, no me explico que el Presidente no haya salido a hablar con claridad y a poner los puntos sobre las íes («Ay, no, qué lata, cámaras y preguntas»). O que, en su defecto, no lo haya hecho el Rey, que para eso es el Jefe del Estado: para suplir la desidia de sus gobernantes cuando pueda, y debería poder en momentos de emergencia y peligro extremo.

Médicos, sanitarios, epidemiólogos, han asistido desesperados al primer desmadre, y los que nos quedan. Mientras ellos se desloman curando, y acumulando agotamientos y muriendo, una buena parte de la población, con el beneplácito de las autoridades, se aglomera en fiestas, desplazamientos masivos y borracheras con baño en fuentes públicas. El mismo 8 de mayo ya estaban muchas ciudades atestadas de turistas mastuerzos, los cuales, bien informados de que en España entera había barra libre a partir del 9, se plantaron como centellas en nuestros bares, restaurantes y terrazas. Imagínense los italianos, que «padecerán» su alarma hasta el 31 de julio; o los alemanes, que con 50 contagios por cada 100.000 habitantes aplican restricciones sin cuento. Aquí se levantan casi todas, en cambio, con 200 contagios y sitios en los que aquellos días había 500, una bagatela. Visto el éxito de Ayuso en las elecciones madrileñas, no se sabe si de repente Sánchez ha corrido a imitarla o si es el primer individuo al que habría que exigirle lo que él pide a los demás mientras vuela de aquí para allá en aviones cómodos y descontaminados: responsabilidad.

30-V-21

«¿Y qué hay de mi puta vacuna?»

Si algo ha puesto de manifiesto la clase de sociedades consentidas, pusilánimes y malcriadas que hemos construido en las últimas décadas, ha sido la reacción mayoritaria a las vacunas contra el coronavirus. Por supuesto hablo de Occidente, aunque me temo que el resto del mundo aprende pronto de nuestro señoritismo y nuestras exigencias y los imita. Se ha señalado numerosas veces que los ciudadanos actuales se ven a sí mismos plenos de derechos y exentos de obligaciones, hasta el punto de que, si alguien llama a otro la atención por una falta, un abuso o una invasión de la libertad ajena, se juega literalmente la vida. Aún recuerdo la mala suerte de un hombre de La Coruña (he leído en este diario que los que escribimos así este topónimo somos «de derechas» y votamos a Vox probablemente; hay que ser imbécil: no, sencillamente escribimos en castellano, lengua en la que tampoco decimos Firenze ni London) que le afeó a un joven que meara en el muelle; el joven portaba pistola, y, sin más, le metió unos tiros al cívico coruñés, que no vivió para contarlo. Así, hay que tragar con que cada cual haga lo que se le antoje y no recordarle a nadie sus deberes, porque ese vocablo, «deberes», las más de las veces ni siquiera se comprende.

Lo cierto es que la gran mayoría, ante la milagrosa aparición de cuatro vacunas distintas —cuatro se inyectan en España—, ha reaccionado exigiendo su dosis, poniendo verdes a las farmacéuticas por sus fallos en la distribución, insultando a las comunidades autónomas por la lentitud y los retrasos, quejándose a los sufridísimos sanitarios que echan horas y horas en inmunizar a la gente, echando pestes de los hospitales o de los llamados «vacunódromos», sublevándose porque aún no ha recibido su aviso... Lo que es bien raro es oír una sola palabra de agradecimiento a quienes han inventado, en el plazo de un año, vacunas innovadoras que suelen tardar diez en conseguirse. No he leído el nombre de uno solo de los científicos e investigadores que han logrado la hazaña. Muy pocos elogios al esfuerzo mancomunado —mundial— que está a punto de salvarnos de una plaga espantosa sin tantísimos muertos como los que provocó la «gripe española» de hace un siglo (el número oscila entre 50 y 100 millones de víctimas). A las farmacéuticas que han fabricado los viales sólo les han llovido reproches. No digo que algunos no fueran merecidos, si han incumplido sus contratos o incluso han engañado a Estados. Pero, si no las hubieran elaborado ellas, y congelado, y envasado, y transportado, estaríamos en una situación infinitamente más grave. A la Unión Europea y a los Gobiernos les han caído agrias críticas desde todos los lados, sin que casi nadie se parase a pensar que la vacunación —la vida a resguardo— nos salía gratis merced a ellos y a la Sanidad pública, que debería ser fomentada y reforzada por todos los partidos. En suma, apenas he visto ni leído ni oído que nadie diera las gracias, que nadie admirara y celebrara la proeza. Se derriban estatuas por doquier con los pretextos más ignorantes o idiotas, pero nadie pide que se les erijan de inmediato a los responsables de Pfizer, Moderna, AstraZeneca y Janssen, o al menos una colectiva simbolizando a los diversos equipos de investigadores. Fleming las tiene, y calles, por haber descubierto la penicilina (al menos hasta que algún resentido decida que en algún aspecto de su vida no fue ejemplar o fue «colonialista»). Lo mismo que Pasteur y Marie Curie, aunque ahora haya primitivos que hagan caso omiso de los hallazgos de aquél y beban leche sin pasteurizar de vacas y cabras y así contraigan infecciones. Hace años, en un viaje a Edimburgo, visité con mi futura mujer la casa de Sir James Simpson, del que no sabíamos nada. Una vez allí, nos enteramos de que había sido pionero de la anestesia, con éter primero, y luego, tras experimentar en sí mismo y en sus ayudantes, con cloroformo. Desde 1847 fue el paladín de su uso en los partos con cesárea (era ginecólogo), encontrándose con fuerte oposición médica y religiosa. Hasta que la Reina Victoria requirió sus servicios para dar a luz al Príncipe Leopoldo II en 1853, y eso condujo a la aceptación general de su descubrimiento. Mi mujer, madre de dos criaturas, se sintió llena de gratitud hacia el desconocido Doctor Simpson, y se extrañó sobremanera de que no fuera célebre universalmente y de que las madres del mundo no hubieran sufragado estatuas en su honor en todas partes.

Pese a los monumentales esfuerzos de mi compañero de la RAE Sánchez Ron, en nuestro país se sabe poco de los científicos benefactores de la humanidad, y, lo que es peor, a nuestros gobernantes les importan menos, véase qué migajas destinan a los benefactores presentes y futuros en los presupuestos del Estado. Aquí recibimos los descubrimientos e inventos con naturalidad excesiva, como si nos fueran «debidos», y hacemos uso de ellos sin dedicar ni un pensamiento al estudio, al esfuerzo y al talento de quienes los posibilitaron. Para una vez que asistimos a un prodigio científico y salvador, lo mínimo sería reconocerlo y agradecerlo, en vez de chillar coléricos: «¿Y qué hay de mi puta vacuna?».

6-VI-21

Perrerías póstumas

Los escritores que creían en la posteridad —nunca mi caso, en seguida me di cuenta de que todo caduca con cada vez mayor celeridad— veían como una bendición que sus obras se siguieran leyendo al cabo de decenas o centenares de años, como las de Cervantes, Montaigne, Shakespeare. Proust se recluyó sus últimos ocho o nueve años de vida, sacrificándolo todo por terminar *En busca del tiempo perdido*, lo cual logró, y así nos entregó un regalo mayúsculo a la humanidad lectora. Por fuerza debió fiarlo todo a esa posteridad, que ahora, como he dicho otras veces, es un concepto del pasado, como mínimo de hace un siglo (Proust murió en 1922).

No es que la posteridad ya no exista. Hay libros de hoy que tal vez sigan vivos dentro de trescientos años. Lo que carece de sentido es preocuparse por ella, ninguno la vamos a conocer ni sabremos cuál será la selección del tiempo futuro. Pero, tal como están las cosas, quizá haya llegado el momento en que la perduración de las obras sea más bien una maldición, algo en absoluto deseable, a diferencia de lo que solía ocurrir. Como ustedes sabrán, los textos pasan a ser del dominio público pasados setenta u ochenta años de la muerte de su autor. Eso significaba que a partir de ese momento cualquiera podía imprimirlos sin pagar a ningún heredero. Más de una vez he señalado la injusticia de la medida, pero no voy a hablar de eso. Hoy en día, el paso de una obra al dominio público más bien supone que cualquier mediocre puede alterarla, tergiversarla, utilizar sus personajes con impunidad, ensuciarla, enfangarla, cambiarle el sentido, la letra y la historia, destruirla. Ignoro por qué está permitido. Si de mí dependiera —y de mi amigo Juan Díaz, editor al que debo la idea—, obligaría a pagar el doble que por un autor vivo a quienes se aprovecharan del «dominio público» de esa manera desaprensiva, que, no nos engañemos, a menudo es una triquiñuela de los «adaptadores» y «versionadores» para cobrar lo que ya no cobran los muertos ni sus herederos.

Leo en este diario amplia cobertura —no sé quiénes llevan la sección de Cultura, pero se las apañan para dedicar espacio a casi todas las necedades, en vez de hacerles caso omiso— sobre un montaje de *Otelo* que se verá en Madrid durante tres semanas (creo que ya no, por fortuna), con versión de Fernando Epelde y dirección de Marta Pazos. El titular de la noticia ya era falso y estaba en mal español: «Shakespeare cambia de género para explicar el mundo actual». El pobre William, víctima de mil felonías en su larguísima posteridad, no tiene arte ni parte en el disparate. Es más, Epelde, considerándose a su altura, le ha enmendado la plana y le ha metido unas morcillas para que Desdémona hable más y asegure que ni ella ni Ofelia ni Julieta han muerto (¿tampoco Hamlet ni Romeo ni Macbeth, o ellos sí merecían morir, por varones?). Dice la directora que se trata de «proponer al público un debate sobre la construcción del género, la percepción de uno/a mismo/a y la estructura del sistema patriarcal». Según ella, todo lo siguiente estaba ya en Shakespeare: MeToo, Black Lives Matter, Ni Una Menos, Postverdad, con sus respectivos *hashtags*. Sabíamos que era un adelantado, pero ¿tanto? Pazos y Epelde han decidido que el texto entero se oiga en boca de Desdémona: pronuncia las palabras de los personajes mientras éstos se limitan a hacer mímica labial. Porque, hay que ver, Shakespeare «la ningunea, incluso la mata con una acotación». La verdad, no sé por qué se dedica al teatro una persona que ignora lo que es una elipsis, o un personaje no protagonista (de acuerdo con esto, todos los secundarios de la historia habrían sido «ninguneados»), o un ser ficticio, o lo que es la libertad de un autor para inventar y escribir lo que le parezca y no al dictado de una señora de Pontevedra de cuatro siglos más tarde. Esta arrogante señora es libre de teclear su Desdémona y ponerle su nombre. No lo es, en mi opinión, de revolcar *Otelo* en su mugre y aun así pretender que sigue siendo de Shakespeare. Otras menudencias a las que ya estamos habituados son que Yago lo interprete una actriz y a su esposa, Emilia, un patán con bigote. La directora Pazos se explica (no bien, la verdad): «Esto me lleva a poner encima de la mesa» (¿qué mesa?) «el tema de la identidad. ¿Qué es una mujer? Para mí, está claro que esa condición no depende en absoluto de los genitales». (¿En absoluto, nada, de verdad?) «Quiero darle a Desdémona todo el protagonismo. Desmantelar lo que se dice de ella haciendo que sea ella misma quien lo diga.» (¿Todo el protagonismo? Raro entonces que Pazos titule su representación *Othello*, a la inglesa encima. Ah, bueno, que es el título del idiota de Shakespeare y no hay que desperdiciar su tirón.)

En fin, ya ven, aunque quizá a muchos les guste. Desde mi punto de vista, han logrado convertir la posteridad y la supervivencia de las obras de arte en lo peor que a sus autores les pueda suceder. Aunque ellos no se vayan a enterar. Pero se está más a salvo sepultado por el olvido: a ningún escritor que yazga en él se lo someterá a semejantes vejaciones y perrerías póstumas, ante las que además se encuentran totalmente indefensos.

13-VI-21

Excarcelaciones

Llevo semanas atento a las opiniones sobre los indultos a los dirigentes independentistas encarcelados, nunca por sus ideas, que comparten con miles de catalanes que las pregonan sin que les pase nada, sino por sus delitos. He atendido a quienes desean conceder esa gracia y a quienes se oponen a ella. Personalmente, no me gustan las largas penas de prisión salvo para terroristas, asesinos de niños, violadores reales (no «aproximados») y gente por el estilo. Hace años escribí aquí un artículo escandalizado por el desproporcionado número de indultos que se otorgaban en España.* El argumento de que ha habido millares, y la mayoría inmerecidos, no me parece razón para continuar con la pésima costumbre. Que algo se haya hecho mal durante décadas no es motivo para prolongarlo; todo lo contrario.

Los partidarios de estos indultos invocan el bien común, el apaciguamiento de los golpistas y la mejora de la convivencia en la sociedad catalana. No sé yo. Está claro que ni los perdonados ni una parte de esa sociedad van a reconocer ni a agradecer el gesto: lo despreciarán y, si acaso, lo presentarán como conquista suya. Esos presos, a su liberación, serán recibidos con grandes honores y vitoreados como héroes. Harán giras proselitistas predicando sus convicciones y, como ya hacen desde sus celdas, anunciarán que repetirán la «hazaña» con mayor ahínco. Nada de eso será del agrado del 51 % de los ca-

---

* En la columna «Indultos a manos llenas», recogida en *Juro no decir nunca la verdad* (Alfaguara, 2015). *(N. del E.)*

talanes no independentistas, así que armonía, poca, y los independentistas se crecerán y jactarán: «Nos han dado la razón y han reconocido la injusticia», vendrán a decir, reforzados por las impresentables e inauditas frases de Pedro Sánchez, que equiparó la aplicación de la ley con «una venganza, una revancha».

Pero en fin, cabe que, espontáneamente, la porción fanática pero decente de esa sociedad admita en su fuero interno que ha habido una voluntad de arreglar o mejorar o aliviar la situación por parte del Estado, y deje un poco de lado el monotema que tiene a su comunidad empobrecida y sin gobierno desde hace nueve años. Ojalá, eso les deseo a quienes concederán los indultos por las buenas o por las malas.

Nunca se sabe lo que desencadena una excarcelación a dedo. Una lejana y reciente fue la de Hugo Chávez. Dio un golpe militar, le salió mal, fue juzgado y condenado. Estuvo un tiempo en prisión y bastante pronto fue indultado. Se presentó a las elecciones y las ganó, y desde esa legitimidad aplicó lo mismo que pensaba aplicar tras su golpe. Y ahí siguen todavía los venezolanos.

Miremos ahora a la Asamblea Nacional Catalana (ANC), organización muy próxima a la Generalitat y que tuvo parte en el golpe del 6 y el 7 de septiembre de 2017 y en la Declaración Unilateral de Independencia. Su dirigente de entonces es uno de los famosos presos. Ahora está a su frente una señora Paluzie, y la actual ANC ha diseñado una hoja de ruta que consiste, entre otras medidas, en las siguientes (las cursivas son mías): prohibir que los Ayuntamientos contraten a compañías españolas; vetar los cargos de entidades cívicas o sociales a los no independentistas: «Los puestos de responsabilidad *en el seno de la sociedad civil*, desde las asociaciones de vecinos y culturales hasta los colegios y asociaciones profesionales, las federaciones y clubs deportivos, los gremios, etc., serán ocupados por personas partidarias de la independencia»; acosar al Gobierno central desde todos los ámbitos hasta que resulte ingobernable; la ANC se reserva el papel de «elemento impulsor» de pactos que involucren al Govern, a las diputaciones, consejos comarcales, municipios, Consell per la República, Universidades, Instituto de Estudios Catalanes, Colegios profesionales y empresariales, sindicatos, colectivos religiosos, federaciones deportivas, entidades culturales, etc., etc., «para hacer frente a las agresiones del Estado»; en el plano internacional, insta a enviar muchas cartas a medios extranjeros, contactar con parlamentarios, periodistas y creadores de opinión para denunciar a España *y convencerlos de la maldad de ésta.* Y mucho más que aquí no cabe.

Sería demasiado fácil sustituir «independentistas» por «nacionalsocialistas», y «españoles» y «no independentistas» por «judíos», para ver con nitidez la índole de este documento. No vayamos tan lejos. De lo que no cabe duda es de su índole totalitaria, a lo Putin o Lukashenko. El totalitarismo se caracteriza por invadir, apropiarse y coparlo todo, el poder y la sociedad civil, a la que somete a sus dictados hasta decirle a quién debe elegir o contratar. Si intervenir en los clubs deportivos, en las asociaciones de vecinos, en las órdenes religiosas, en los centros de enseñanza, en los gremios y en los medios de comunicación no es adueñarse de *todo*, y excluir a quienes no comulguen con su fe no es dictatorial y discriminatorio, ¿qué lo es? Lo grave es que la Generalitat, que se pretende «democrática», no se aparte de la ANC en el acto y no repudie sus planes por atentatorios contra la libertad, opresores y propios del «partido único» franquista. Convendría que los rechazase ya con rotundidad, si quiere echarle una mano a Sánchez y otra a Junqueras, Rull, Romeva, Forcadell y compañía, que deben de estar deseando arengar libremente por las calles.

20-VI-21

Lo que algunos echaremos de menos o de más

Ahora que mucho va volviendo acelerada y voluntariosamente a la normalidad, es el momento de ver si algunos echaremos algo de menos del tiempo de la pandemia. En lo que a mí y a cualquiera respecta, no deseamos que eso regrese jamás. Parece que sólo los cercanos se acuerden de sus muertos, decenas de millares. Lo mismo ocurre con los enfermos, millones a los que aún no se sabe si les van a quedar secuelas. Médicos y sanitarios han sufrido lo inimaginable y han padecido numerosas bajas en el cumplimiento de su deber. Muchos negocios han cerrado para siempre, mucha gente está sin empleo y debe vivir de la caridad. Los estragos del coronavirus son tantos... Sólo cabe esperar que no retorne, ni nada que se le parezca.

A todos, además, nos ha afectado mentalmente hasta un punto todavía difícil de calibrar. Hay quienes no se atreven a salir a la calle ni a quedar, quién sabe cuándo nos sentiremos plenamente como antes. Lo que ya se advierte es que las predicciones más ñoñas no se van a cumplir. Se anunció que la plaga nos uniría y nos haría mejores. Que nos obligaría a reflexionar sobre la vida alocada y hueca que llevábamos, que nos daríamos treguas y pausa, que apreciaríamos la lentitud y enriqueceríamos el espíritu; que distinguiríamos lo necesario de lo superfluo (los obsesivos móviles), el porqué de nuestros viajes constantes, de nuestros afanes y prioridades. Que daríamos importancia a lo que la tiene y se la restaríamos a lo que no. Que seríamos menos atolondrados y más prudentes. Una bobada ilusa tras otra, con las excepciones de rigor.

Desde el final del estado de alarma se ha asistido a una descerebrada carrera hacia lo que habíamos abandonado por causas de fuerza mayor. Y algunos nos damos cuenta de que, en medio de la tristeza y el horror, ciertas cosas no nos sentaron mal. No estuvo mal aquella primera fase en la que todos estábamos pendientes de todos, llamándonos o enviándonos mensajes, interesándonos por la salud ajena. No ha estado mal (sí para la hostelería y los hoteles, lo sé) que las ciudades estuvieran libres de la peste turística que las convierte en invivibles, que no hubiera masas en las calles arrastrando maletas y que se procurara no chillar. Que los que salíamos a unos recados nos alegráramos de ver a otra persona y tendiéramos a ser amables con ella, sabedores de cuánto arriesgaban la panadera, el quiosquero, el librero, la cajera del súper, el camarero, los transportistas, fontaneros y demás. Cada cosa que se esforzaba por funcionar la agradecíamos de corazón. Las noches madrileñas eran tristes en comparación con nuestros hábitos, pero no ser despertados a las cuatro de la mañana por pandillas gritonas, beodas o simplemente imbéciles era una no desdeñable compensación. También era agradable no ser arrasado por bicis, odiosos *segways*, patines y patinetes invasores de las aceras, lo mismo que ver Madrid sin apenas obras ni ruido, cuando la obsesión de alcaldes y alcaldesas es destriparlo todo innecesariamente a la vez. Eso ya ha regresado, faltaría más, con el nuevo maniaco Almeida.

Cada cual formó su pequeño núcleo o familia. Los que la teníamos lejos y podíamos contagiarla si nos reuníamos con ella, hemos visto los escasos rostros que hemos visto como si fueran apariciones de la Virgen para los pastorzuelos de antaño. Me ha dado mucha alegría ver tres veces a la semana la cara sonriente de mi más que asistenta Aurora; otras tres veces, los ojos azules, vivos, temerosos y risueños de mi inteligente colaboradora y vieja amiga Mercedes; a diario, brevemente, al salir o entrar por el portal, la simpática expresión de mi portera Lola. De vez en cuando, la figura protectora de mi compañero de colegio y cardiólogo José Manuel. Oír todas las noches la voz optimista y humorística de Carme, mi mujer, y de tarde en tarde las de los nietos Unai y Berta. Me honra que ésta, tan pequeña, no me haya olvidado tras meses y meses sin verme, aunque sólo sea para darme una «orden» telefónica en catalán: «Que em cantis». Y algo le canto, hasta que se aburre o se cansa. O con frecuencia las de Julia, Daniella, Tano, Pilar y Juan. Estos núcleos se han hecho fundamentales, y a todas esas personas les guardaré gran gratitud.

Bienvenida la normalidad, claro. Pero ya percibo que todo será igual de idiota que antes: gente que muere de frío por correr una maratón, o el Everest atiborrado de basuras que tiran los memos izados hasta su cumbre; festejos veraniegos por miles en este país que sólo concibe la bulla, playas atestadas de sudorosos que no saben qué hacer consigo mismos, cruceros devastadores. De nuevo *Las Meninas* y *La Gioconda* tapadas por muchedumbres que les darán la espalda para hacerse un estúpido *selfie* ante ellas; peregrinos desnortados en los aeropuertos y Venecia vandalizada otra vez, lo mismo que cualquier monumento. Las tiendas más espantosas reabrirán para vender sus *souvenirs*. Echaré de menos el ritmo apaciguado, y que nadie moleste para proponer tonterías. Echaré de más el vocerío, la grosería sin freno y el ejército de termitas humanas que reanudará su tarea de corroerlo, estropearlo y destruirlo todo por nada, por vacío y rudimentaria diversión.

27-VI-21

Sólo ficciones, subjetividades e inexactitudes

A raíz de dos artículos recientes aquí («La industria de la maledicencia» y «Los calzoncillos de Conan Doyle»),* un autor me discute educadamente, en su revista *Deliberar*, los argumentos que en ellos expuse. Bien está. En uno de sus textos, sin embargo, asegura algo que me causa perplejidad. Como no creo que mienta, le contesté privadamente que no recordaba lo que me atribuía: «Marías saludó con entusiasmo» la publicación de la correspondencia privada entre Juan Benet y Carmen Martín Gaite, «cuya lectura recomendaba tras compararla a la fantasía de mirar por la cerradura lo que hacen en su habitación papá y mamá». Y añade: «Cuando le recordamos» (a mí, se entiende) «sus frecuentes condenas a la publicación de confidencias privadas respondió sin inmutarse: "Claro, pero me refería a las mías"». Parece que yo hubiera hablado con mi contradictor en una entrevista de viva voz o en papel. Puede que mis palabras estén grabadas o en una hoja tecleada a máquina por mí. Si es así, se me ha borrado por completo. Y si formulé tales opiniones, como le he explicado ahora a él, «tal vez fue por ser amable. Pero a mí no me interesan esas correspondencias, y ni siquiera leí la de JB y CMG. En suma, si dije o escribí esas frases, mentí sin duda». Lo que más me chocó de ellas fue el lenguaje, ajeno a mí. Jamás hablaría de «papá y mamá» excepto con mis hermanos; jamás he tenido la fantasía de mirar nada por la

---

* Incluidos en este volumen, en las pp. 48-50 y 51-53, respectivamente. *(N. del E.)*

cerradura, aún menos a mis padres en su alcoba; si de Benet me interesa casi todo *a priori* y lo puedo considerar un lejano «padre literario», soy incapaz de decir lo mismo de Martín Gaite, a la que en modo alguno tendría por una «madre literaria». Admiro algunas obras suyas, pero sin excesiva curiosidad por su concepción de la literatura, que además dejó plasmada en varios ensayos.

Todo esto viene a cuento del valor desmedido que hoy se otorga a los diarios, las memorias, las autobiografías y las cartas de los escritores, en tanto que documentos capitales para forjar sus biografías y conocer las circunstancias en que crearon sus mejores libros. Como apunté en mis artículos, creo que más bien se trata de chismorreo para letraheridos, especialistas y estudiosos. Cumplo años, como todos, pero conservo bastante memoria, supongo, sólo sea por haber terminado hace unos meses una novela de 700 páginas:* sin ella, me habría olvidado de lo ya contado y de lo que no, me habría contradicho y habría perdido fácilmente el hilo. Y, no obstante, en este episodio relatado no estoy seguro de haber dicho lo que se me atribuye. Creo que no, pero insisto: me cuesta creer que quien me discute mienta. Lo cual nos lleva a lo siguiente: si uno no se atreve a jurar haber dicho o no algo, ¿qué fiabilidad poseen todos esos documentos, que muchos atesoran?

Pero la cuestión sobre la que deseo hacer hincapié es otra. «Mentí sin duda», le he admitido ahora a ese autor, y eso es seguro, porque sé a ciencia cierta que nunca he leído esa correspondencia entre Benet y Martín Gaite, quizá por pudor: luego si la recomendé con entusiasmo, fui falaz. Por amabilidad, para salir del paso, por conveniencia, por «quedar moderno», por capricho, por diversión, quién lo puede saber. Así pues, quienes conceden tanto valor a los diarios, memorias y demás, o a los

* *Tomás Nevinson* (Alfaguara, 2021). *(N. del E.)*

testimonios de familiares, amigos y conocidos de sus biografiados, parten de una premisa tan ingenua como injustificada, a saber: que todo el mundo dice la verdad. Nada más alejado de la realidad. No se me ocurriría proclamar que todo el mundo miente, pero sí que puede mentir u ocultar. O de otro modo: nadie está obligado a contar la verdad, ni en una entrevista a un desconocido, ni en una misiva a un amigo o a un marido o a una mujer, ni en un diario ni en una autobiografía. Los escritores, en concreto, mienten en abundancia, como personas inclinadas a la ficción, la invención y la fabulación. Una muestra reciente son las entrevistas con Faulkner aparecidas hace poco. Faulkner mentía sin parar, aunque sólo fuera porque a las mismas preguntas daba respuestas distintas según su talante, la ocasión y el interlocutor. Es comprensible que le aburriera repetir lo mismo una y otra vez; improvisaba y disparataba con desparpajo y sin el menor cargo de conciencia. ¿A él qué le importaban el periodista de turno y sus lectores? Si uno a veces no le diría la verdad ni al juez, ¿por qué habría de decírsela al primero que se presentase en su casa con un bolígrafo o un magnetofón? De nada sirve todo ese «sagrado» material, como tampoco las declaraciones de quienes conocieron a los escritores —con alguna rara excepción—, y a menudo mienten por beatería, o ajustarles las cuentas, o por despecho o antipatía personal, o por dinero, o porque los biografiados desaprobaron un texto suyo que ellos sometieron a su consideración... El empeño de relatar cabal y verídicamente la existencia de alguien es vano y quimérico, o como mínimo exige grandes dosis de credulidad por parte del biógrafo o relator. Creer que nadie miente nunca es el grado máximo, absolutamente patológico, de la credulidad. Porque sólo disponemos de ficciones, subjetividades e inexactitudes.

4-VII-21

Casi todos contra el fútbol

Sé que a muchos no les interesa, pero a otros sí, y hace más de un año que no hablo aquí de fútbol, cuando motivos hay de sobra. En ese tiempo nos hemos acostumbrado a que no haya público, y, lo que tiene más mérito, se han acostumbrado los jugadores. No era fácil, pero tampoco dificilísimo: quien ha jugado de niño sabe que el espectador es secundario, porque en esos partidos escolares no había ni uno, y sin embargo nuestras ansias de meter goles y ganar permanecían intactas. Nos empleábamos tan a fondo como si hubiéramos estado en Chamartín o en el Camp Nou, se trataba de una cuestión de amor propio. No es tan raro, así, que futbolistas de élite, que además se saben contemplados a distancia por millones de aficionados y se disputan títulos, procuren sacar sus mayores virtudes aunque no haya un alma en el estadio. Dicho sea de paso, el público simulado y los rumores grabados parecían una tontería, pero acaban ayudando a hacerse la ilusión, como el castillo que en el teatro vemos pintado al fondo del escenario.

Lo que lleva machacando al fútbol desde antes de la pandemia son sus dirigentes nacionales e internacionales. No hay quien siga los campeonatos, al carecer de continuidad y verse constantemente interrumpidos por inventos absurdos que no interesan a nadie. ¿Alguien sin *smartphone* recuerda (¿le importa?) quién ganó la llamada Liga de las Naciones? Lo único que consiguen esos choques superfluos es agotar a los jugadores y desorientar y empachar a las aficiones. ¿Tiene sentido que la Supercopa española se dirima en un país exótico, aparte de cobrar dinero y meterles kilómetros de avión a los equipos? ¿Que el Mundial se celebre en Qatar, cuna del juego, con un calor de muerte o fuera de fechas? Nunca ha habido tantas lesiones, lo cual no es extraño, con el permanente tute a que se somete a los futbolistas.

La más reciente amenaza ha sido la Superliga, un proyecto megalómano, señoritil, pretencioso y aburridísimo. Si vemos todos los años varios Madrid-Juventus, Bayern-Barcelona y Manchester United-PSG, ¿dónde está la gracia y la excitación de esos duelos, convertidos en rutinarios? A mí no me interesan más que si suponen un acontecimiento. Prefiero una Liga en la que el Numancia pueda ganar 3-0 al Madrid, como sucedió hace años, o el Hércules 0-3 al Barça, como ocurrió hace aún más años. Pero no vayamos tan lejos y centrémonos en lo de pretencioso: si hace nada el Barça sufrió un 1-2 ante el Granada, y el Madrid otro 1-2 ante el Levante, ¿qué les hace creer a estos clubs grandes que sólo merecen enfrentarse al Liverpool y al Inter? Antes deberían cumplir con sus «deberes» domésticos, y no siempre lo logran.

Otra desgracia acaecida son las «nuevas reglas». Es casi imposible que un guardameta pare hoy un penalti, obligados como están a no adelantarse un milímetro de la raya de gol ni un microsegundo al golpeo del balón por el ejecutor. Ahora una pena máxima es un fusilamiento inapelable. Lo de las manos clama al cielo; no sólo se han suprimido la voluntariedad e involuntariedad, sino que se pretende que los futbolistas salgan al campo con los brazos amarrados a la espalda, porque cualquier roce es punible. Y además no se tiene en cuenta que con frecuencia los delanteros apuntan al brazo del defensor, y la mayoría están sobrados de puntería. Si me tiran un balón a la mano, ¿la infracción es mía por no habérmela cortado? Eso viene a decir la ridícula regla actual. El VAR es otro desastre. No sólo se cantan todos los goles en diferido, no sólo uno u otro equipo se llevan un chasco tres minutos después de la desesperación o del éxtasis (ambos *interrupti*), sino que se ha abolido el concepto de «estar en línea» en los fueras de juego. Y los comentaristas, tan papanatas con escasas excepciones, analizan muy serios si el hombro o la uña del meñique del goleador estaban adelantados un micromilímetro. El juego se ha hecho grotesco, y hemos visto tantos de extraordinaria factura anulados por un mechón que sobresalía, santo cielo.

Esos comentaristas, encima, se han vuelto cursis y moñas, la mayoría. Informan cada poco de estadísticas imbéciles que nos traen sin cuidado: «Con este gol Benzema pasa a ser el francés más anotador de La Liga, superando al mítico Kopa». ¿Francés? ¿Búlgaro? Tampoco ha habido tantos jugando en nuestros clubs. Pero aún peor es que se dediquen a decir «El pase de Modric ha sido delicioso» o «exquisito» o «sabroso». La obsesiva gastronomía ha invadido también el deporte. Y los hay que no han visto nada, porque se derriten ante lances que los más veteranos nos hartábamos de ver en cada partido de Di Stéfano, Peiró, Luisito Suárez, Kubala o Netzer. «Lo de Neymar es un escándalo. Es imparable.» Yo he visto cómo lo paraban decenas de defensas, sobre todo en el Barça, si es que no perdía el balón él solito. Lo lamento, pero cada vez que oigo en sus labios las palabras «deleitoso», «acariciar» o «digno de éxtasis», me digo: «Por favor, que corrijan a este ñoño amanerado y que le pongan algunos partidos de otros tiempos, cuando saltaban al césped Gento, Kocsis, Rexach, Marcial, Velázquez, Babington, Best o Mendonça». O Cruyff. Para que comparen y aprendan.

11-VII-21

Nombres y rostros nocturnos

Este artículo está lleno de nombres que casi nadie recuerda (perdón por lo inactual), pero con los que me voy a la cama desde el confinamiento. La idea me la brindó una joven que conciliaba el sueño rememorando tres animales con cada letra. Probé, pero los animales se me acababan pronto, así que pasé a algo para mí infinito: actores y actrices de todos los tiempos. Entre las segundas, Judith Anderson, Mary Astor, Lola Albright, Amy Adams y así hasta diez o quince. Luego, Anne Bancroft, Anne Baxter, después secundarias de corta carrera: Ina Balin, Honor Blackman (pese a haber sido «chica Bond» primeriza), Joan Blackman. Con algunas letras es difícil: la I me ofrece Frieda Inescort y Jill Ireland; la U, Mary Ure, Liv Ullmann y Tracey Ullman. Aparte de atraer al sueño (uno abandona con facilidad el ocioso recuento), es un ejercicio memorístico, porque uno rescata un nombre entre brumas y a la vez se representa una cara, a menudo también neblinosa. Me sorprendo de que acudan a mi mente actores y actrices a los que no veo hace siglos y de los que llevaba decenios sin acordarme: Royal Dano, Joanne Dru, John Ericson, Samantha Eggar, Felicia Farr, Mimsy Farmer, Rosemary Forsyth, Joan Greenwood, Dean Jagger, Paula Prentiss...

Es inevitable que, tras tantas noches en su breve y utilitaria compañía, me pregunte qué diablos se haría de ellos (la mayoría son de los años cincuenta y primeros sesenta, quizá porque en esa época me fijaba más y el cine era excelente). Pienso que muchos habrán muerto, pero los hay que simplemente desaparecieron pronto, tras un prometedor ascenso que en ocasiones los llevó a ser protagonistas, y sobre todo me dan lástima las mujeres, con gran capacidad para ilusionarse y más propensas al optimismo. De algunas sé algo: la dulce Dolores Hart se metió monja. La elegante Kay Kendall, mujer de Rex Harrison, murió joven. La distinguida Valerie Hobson, esposa del Ministro británico de la Guerra Profumo, se vio afectada por el escándalo de éste, amante de la modelo Christine Keeler a la vez que ésta lo era de un importante agente soviético. Más recordados son los tristes sinos de Sharon Tate y Jayne Mansfield (la segunda muy simpática, además de exuberante). Pero hay tantísimas de las que ignoro hasta el más mínimo dato (y si los buscara en Internet la cosa perdería el misterio y la gracia): qué se hizo de Diane Varsi, o de Bella Darvi, que compartió cartel con Kirk Douglas; de Brigid Bazlen, que protagonizó una comedia con el mitificado Steve McQueen; de Pamela Tiffin, de Carol Lynley, de Jill St. John o Stella Stevens. Algunas quizá se casaron y ya no recibieron ofertas o prefirieron otra vida o se retiraron para cuidar a sus hijos (era frecuente en aquellas décadas). Puede que a esos hijos les muestren las viejas películas en las que intervinieron, o que se las oculten. Tal vez hayan tenido maridos que no soportan verlas besándose con actores, con otros hombres, y que se avergüenzan de sus pasados «frívolos», quién sabe. A algunas jóvenes de entonces las he visto actuar todavía en producciones recientes: cuesta reconocer a la etérea Shirley Knight, que enamoró a Paul Newman en *Dulce pájaro de juventud*, inverosímilmente convertida en una señora gorda, lo mismo que al apuesto David Hemmings (protagonista de *Blow-Up* y otras muchas) en un individuo muy grueso hasta que murió no hace tanto (no daba crédito a que él fuera él en *Gangs of New York* y en la serie *Roma*). A Diane Baker, en cambio, que era muy fina y trabajó con Hitchcock, la naturaleza le ha regalado una madurez o vejez asimismo finas y delicadas. Y Candice Bergen, hasta hace nada, resultaba atractiva. Lamenté mucho la muerte de Rhonda Fleming con cerca de cien años, porque era mi favorita cuando yo tenía seis o siete.

Pero lo que me da más pena es pensar en las expectativas que sin duda albergaron muchos actores y actrices jóvenes, y que se frustraron. Qué sé yo, me imagino que Pamela Tiffin, tras trabajar con Billy Wilder y James Cagney, vería ante sí un futuro dorado; como Carroll Baker, que no sólo fue dirigida por John Ford dos veces, sino que fue una estrella, eso sí, fugaz. Pasó a films italianos de tres al cuarto y se la perdió de vista, y eso que era buena. Sí, me dan lástima esos rostros y nombres que me ayudan a dormirme, porque hubo un tiempo en que debieron de sentirse elegidos de la fortuna, y hoy sólo los evocan cinéfilos con memoria absurda. Dudo que sea un consuelo que las generaciones actuales desconozcan también a Gary Cooper, John Wayne o Henry Fonda, que gozaron de estrellatos muy largos. El hoy tiene prisa por borrarlo todo y se desinteresa de cualquier ayer como si no fuera asunto suyo. Me asombró que hace un mes, al cumplir Bob Dylan ochenta, salieran en los informativos numerosos veinteañeros y treintañeros a los que, a lo sumo, «les sonaba». ¿Qué ocurrirá con los actores y actrices, los escritores, los cantantes, los *youtubers*, que ahora mismo se sienten en la cresta de la ola y triunfantes? Muchos le darán pena a alguien futuro que los invoque para conciliar el sueño. Y si Dylan, que permanece activo, y es una de las figuras más célebres e idolatradas del siglo XX y encima ha recibido el Nobel, sólo «suena» a demasiados contemporáneos, ¿qué nos aguarda al resto?

18-VII-21

Cómo se pierde el respeto a los impuestos

Una manera posible es esta (y empiezo por lo personal): hace casi un año, Hacienda se molestó en reclamarme unos euros más y amenazarme con multa. ¿El motivo? Los modestísimos emolumentos que abona la Real Academia Española a sus miembros, por asistir a sus sesiones los jueves, no los había declarado como «derechos de autor», sino en otro concepto que no recuerdo —es mi asesora fiscal quien prepara y presenta mis papeles— y por el que la suma tributable era levemente menor. Mi asesora es muy prudente. En asuntos del Fisco, suele recomendar «tragar, porque si no puede ser peor». Otra gente enterada asegura que objetar sus decisiones acarrea a menudo represalias para el objetor, en forma de inspecciones en regla, etc. Pero esta vez esa mujer cautelosa vio la reclamación tan absurda que presentó alegaciones. «Es que no hay por dónde coger este disparate», me dijo. «Tendrán que darnos la razón.» (Todos tenemos nuestra historieta con Montoro o Montero.)

En efecto era un disparate. Los académicos vamos a la Academia los jueves (si podemos). Se trata de un acto *presencial* en el que *no escribimos nada*, sólo hablamos. ¿De qué? De vocablos y definiciones, ya que nuestra tarea consiste en mejorar éstas en el *Diccionario*, modificarlas si se han quedado anticuadas e introducir nuevos términos y acepciones. Barajamos entre todos y se acaba eligiendo la más adecuada, la cual, tras atravesar otros filtros, a veces se incorpora al *Diccionario* o DLE. Es un trabajo colectivo y anónimo, y por supuesto las ventas del DLE no nos aportan derechos, que son para la institución. ¿Por qué debía yo declarar esos pocos euros como «derechos de autor», si nada he escrito ni va firmado con mi nombre ni jamás percibiré ni un céntimo? Así se le expuso a Hacienda, la cual contestó con una imbecilidad: «Pero usted está en la Academia por sus libros». Ha habido ocupantes de sillones que no habían visto una obra suya impresa, pero es lo de menos. Lo cierto es que hube de abonar la diferencia, más intereses y una multa si mal no recuerdo. Tanto trajín por una cantidad menorcísima. Eso me hizo preguntarme cómo es que el Fisco se molestaba y me molestaba tanto para recaudar una propina. Claro que 46 millones de propinas... Pero hay mucho más que rascar en los grandes defraudadores, así que no veo otra respuesta que una información reciente que también invita a perder el respeto. En el primer trimestre del año, el Gobierno se ha gastado 17,5 millones en las nóminas de los asesores de que dispone, frente a los 14,6 del mismo periodo de 2020, y los 11,7 de 2018. El incremento de este trimestre se produce en plena pandemia, sin apenas actividad política, y eso sugiere que hayan aumentado —de nuevo— los asesores que se nombran a dedo y sin dar explicaciones. Es el «personal de confianza» que los altos cargos eligen sin criterios profesionales ni académicos y sin mérito objetivable, salvo la relación personal o con los partidos gobernantes (al parecer tenía un montón Pablo Iglesias). Si en el actual Ejecutivo hay 22 ministros —un récord—, imagínense el número de altos cargos existentes. Pero resulta que éstos no valen, ni los funcionarios ya hipertrofiados: sólo La Moncloa emplea a 532 asesores opacos y que nadie conoce. Las sumas que se embolsan estos y otros asesores (quién sabe si parientes, amigos, compañeros de pupitre o de baloncesto) han obligado al Gobierno a recurrir a ampliaciones de crédito extraordinarias en 2019 y 2020, porque las dotaciones existentes no bastaban para atender los elevados sueldos. Cualquiera puede valer para casi todo, pero la información señala que un tercio de los contratados a las órdenes directas de Pedro Sánchez sólo tienen el graduado escolar o el certificado de escolaridad. A nivel nacional, incluyendo autonomías, diputaciones, ayuntamientos y todo el aparato de organismos y entes oficiales, el número de asesores rebasa con creces los 20.000. Veinte mil.

Eso debe de explicar, en parte, que Hacienda rebañe, con argumentos peregrinos, hasta los eurillos percibidos por un académico de la RAE. Lejos de mi intención persuadir a nadie de no satisfacer sus impuestos. No sólo por la cuenta que le trae, sino porque son esos dineros, a pesar de los pesares, los que nos permiten contar con Sanidad y Educación públicas, y con transportes, y carreteras (malas y que deberemos pagar dos veces, mediante peajes), y tantos otros servicios fundamentales. Hace ya muchos años publiqué un artículo didáctico animando a pagarlos honradamente.* Aún sigo en la misma postura y en el mismo convencimiento. Pero cuando Hacienda se muestra arbitraria y se inventa fábulas, o cuando uno se entera de cuántos individuos oscuros y desconocidos perciben salarios abundantes a cargo nuestro..., sí, uno continúa pagándolos honradamente, pero sin creer que eso contribuya al bienestar del país y de todos los ciudadanos, sino más bien al de unos 20.000 elegidos a dedo y que jamás rinden cuentas. Es decir, uno paga todavía, pero con desdén y sin respeto.

25-VII-21

---

* Con el título «Para qué trabajamos»; recogido en *A veces un caballero* (Alfaguara, 2001). *(N. del E.)*

Famosos imbéciles morales I

A Proust le dejaron sus padres una herencia tan considerable que pudo entregarse en cuerpo y salud (la perdió), durante sus últimos años, a la escritura de *En busca del tiempo perdido* sin preocuparse de ganar dinero. Cierto que administró sus rentas para que le duraran, y, aunque incurría en excesos ocasionales (ayudó a mucha gente), su vida era frugal y apenas se alimentaba. Por eso se enfadó mucho cuando perdió una elevada suma por culpa de una inversión aconsejada por uno de sus gestores, al cual tildó, ante su fiel y querida criada Céleste, de «*fameux imbécile*», y añadió: «Se lo he dicho en persona y se lo diré también por escrito». En francés se dice «*fameux imbécile*» para lo que nosotros llamamos «perfecto imbécil», pero la locución, en su literalidad, significa «imbécil famoso». Adoptar esa literalidad sería conveniente en nuestra lengua, porque no sería lo mismo un completo imbécil que uno famoso. Esto último implicaría no sólo la imbecilidad del sujeto en cuestión, sino que es de todos conocida y dada por segura.

Vivimos una época llena de famosos imbéciles. Lo malo es que su fama no suele trascender hasta que han desaparecido de la escena política, periodística, literaria, etc. Por desgracia, mientras mandan, influyen o son elogiados, su imbecilidad no resulta palmaria ni por tanto célebre y consabida. La gente los vota, los escucha, los lee y admira. Famosos imbéciles morales los hay hoy en todas partes (prefiero acogerme a esta antigua fórmula, que no es un insulto sino una descripción: «Persona incapaz de comprender los principios morales y de actuar de acuerdo con ellos»). Trump, Boris J., López Obrador, Maduro, Bolsonaro, Erdogan, Lukashenko, Orbán, Duterte, Daniel Ortega y tantos más, casi todos elegidos por sus votantes. Pero creo que, como de costumbre, España se lleva la palma. Dejemos de lado a Pablo Iglesias, que de momento no está activo y se ha refugiado en su «*Catalunya Lliure*». Dejemos a Irene Montero, cuyas sandeces son demasiado estridentes: dentro de nada nos propondrá «juezos, juezas y jueces», y exigirá que lo tercero se reserve a los jueces *trans* e intersexuales. A Casado jamás se le ha apreciado listeza, pero antes de agosto entró de lleno en la categoría mencionada cuando, tras oír al sepultado Camuñas soltar que el de Franco no fue un golpe de Estado, y que quien lo dio fue la República (¿contra sí misma?), se calló como una momia y luego hizo un encomio de la ponencia franquista. Perder la oportunidad de apostillar o desmentir a Camuñas, y así quedar como avalista de semejante vileza y cretinada, es propio de un famoso, o será visto como tal en el futuro. Más aún teniendo en cuenta que su partido vive bajo permanente sospecha de tolerancia hacia la dictadura. Y también parece idiota la anterior cúpula del PP, para haberle hecho delicados encargos a un ex-policía corrupto y que además lo larga todo.

La hoy encumbrada y votadísima Díaz Ayuso lleva asimismo camino (rápido) de hacerse superfamosa en tan lamentable sentido. No para de decir simplezas. Aunque sean muy aplaudidas, son simplezas. Pero eso es venial. Se quedaría en mero folklore de un Madrid imaginario y rancio si no fuera porque su gestión de la pandemia ha sido tan suicida y negligente que raya en lo criminal. Cercana a Vox, cuyos integrantes negacionistas son sin duda imbéciles morales, siempre priorizó la hostelería sobre las vidas y muertes, y convirtió Madrid en la taberna de Europa, atrayendo a todos los turistas etílicos del continente, los cuales son a buen seguro causantes de numerosos contagios, ya que ni usaban mascarilla cuando ésta era obligatoria. No satisfecha con su trayectoria, decidió diezmar a la población, con la inestimable ayuda de su discípulo o imitador Pedro Sánchez, cuando arreció la quinta ola de la peligrosa variante india. Mientras otras comunidades, ante la deliberada y cuasi delictiva inoperancia del Gobierno, pedían restricciones, toques de queda, cierre parcial de los bares, a fin de salvar vidas y no oprimir aún más a los sanitarios, ella se abstuvo hasta de planteárselos. Antes caigan los madrileños como moscas que coartar su libertad de hacer el burro y transmitir el virus, y la de los extranjeros de la peor calaña que nos invaden. Agrego un caso particular que clama al cielo: una amiga de sesenta y tantos años se desplazó de Barcelona a Madrid para acompañar y cuidar a un familiar muy próximo en una operación difícil. Sacó su papel de desplazada para recibir aquí su segunda dosis, llamó a la Consejería de Sanidad del inútil Ruiz Escudero, le dijeron que la avisarían. Pasaron tres semanas y nada supo, y eso que su edad es de riesgo. Lo más imbécil de todo fue que, cuando mi amiga, muy inquieta, ya regresaba a su ciudad sin su AstraZeneca, Ayuso anunció que «devolvía» cientos de miles de esta vacuna porque «ya no quedaba nadie a quien administrársela». ¿Y mi amiga? ¿Quizá la castigó por barcelonesa, sin averiguar que es contraria al ridículo *procés*, como más de la mitad de los catalanes?

Del más famoso imbécil moral de todos habrá que hablar otro día, hoy no caben sus meteduras de pata y sus tontadas.

5-IX-21

Famosos imbéciles morales II

El mayor imbécil moral no lo es, en puridad, más que los así calificados el pasado domingo, ni más que quienes arrastran esa fama bien acabados sus mandatos (Aznar, Bush Jr, Zapatero y muchos otros). Pero lo resulta, por sus altísimos cargo y responsabilidad. Su pecado original fue juntarse con fulleros sin escrúpulos y chantajistas insaciables: los fulleros independentistas catalanes, los de Bildu, los de Podemos. Hasta un niño de diez años sabe que los chantajistas jamás se conforman con la cantidad estipulada en principio, sino que piden más y más, hasta el infinito. También una chica de quince está al tanto de la máxima que formuló con sencillez Julián Marías hace largo tiempo: «No se debe intentar contentar a quien nunca se va a dar por contento». Pues bien, salta a la vista que el personaje ignora ambas lecciones a sus casi cincuenta años, así que sigue pagando (en abundancia) a sus fulleros cuarenta meses después de que cobraran la primera entrega, y fue cara, si hubo de aceptar como Ministra a la tonta locoide de la clase. En todo ese periodo no han dejado de pasar por ventanilla, con funestas consecuencias para la mayoría de ciudadanos. Además, ha provocado insensatamente una crisis con Marruecos, nuestro quisquilloso y vengativo vecino. Ha importunado al Presidente de los Estados Unidos soltándole un breve rollo en un pasillo, mientras Biden callaba y hacía caso omiso. Si ni siquiera le había telefoneado antes (y eso que somos países aliados), es probable que ahora le dé aún más pereza descolgar el aparato, salvo para reclamar el uso de sus bases. Él y sus ministros en pleno fueron tan rastreros que, tras las recientes manifestaciones, represiones y detenciones masivas en Cuba, no se atrevieron a decir públicamente que ese régimen es una dictadura, algo que asimismo saben los niños de doce años. Negarlo es tan hilarante como negar que lo fueron el franquismo (tan parecido al castrismo que los dos encarcelaban a los homosexuales), el pinochetismo o el stalinismo. Hasta los meros tontos lo saben.

Vayamos con la pandemia: deslumbrado por el éxito de su archienemiga Ayuso, empezó a imitarla a lo grande («libertad, libertad») cuando terminó con el estado de alarma sin poner algo intermedio y no explicó la situación verdadera, a saber: que el virus campaba a sus anchas pese a su triunfalismo y su frivolidad. Hubo gente que cantó la cuenta atrás hasta medianoche y acto seguido se zambulló en la fiesta; los extranjeros vinieron corriendo en masa: aquí se les permitía lo que en ningún país europeo. Pero, insatisfecho con el desastre, y cuando ya asomaba la quinta ola de la variante india, anunció ufano que las mascarillas eran prescindibles salvo en ocasiones. De nuevo hubo gente que contó los segundos y a las doce las arrojó a la basura. Con estas dos medidas, demasiados entendieron que todo había terminado y se pusieron a viajar «porque era verano y tocaba». La incidencia fue de 700 casos por 100.000 habitantes (cifras de confinamiento), mientras las playas y hoteles se abarrotaban. Hospitales desbordados por enésima vez, sanitarios al borde del colapso; y millares de muertos que se podían haber evitado. (Muertos, sí, estoy harto de que esta palabra esté prohibida.) Lo que asentará su fama es que, mientras sucedía esta catástrofe, afirmó varias veces que la epidemia estaba superada y que se debía impulsar el turismo. Lo impulsó hacia abajo, porque casi nadie de fuera quiso desplazarse a un país tan contagioso y mal dirigido.

Hay que agregar que el precio de la luz ha sido el más alto de la historia, en medio de un calor de muerte. El gas y la gasolina por las nubes, y el Gobierno prepara subida de impuestos. Ya sabemos en qué se emplean, en parte: cada mes aguardan las nóminas de los miles de asesores.

En cuanto a la cuestión catalana, y en contra del impostado optimismo de este diario, el Famoso otorgó indultos sin apenas explicaciones. (En realidad nunca ha explicado nada: todavía espero a saber por qué Podemos pasó de ser causante de insomnios a fullero favorito y abrazable.) Como muchos vaticinamos, no ha habido una palabra de gratitud —ni de contento— por parte de los indultados y sus correligionarios, sino más desplantes, más insultos y más desprecios al resto de comunidades («¿Cómo vamos a mezclarnos con esos? Nosotros estamos por encima»). Más «Lo volveremos a hacer» y «Sólo dialogaremos si se nos da independencia y amnistía». Él les va soltando millones y les cede competencias sin pausa, que los otros ven como «insuficientes». El mensaje es absurdo: «Violen la ley y serán premiados».

Como todo individuo «incapaz de comprender los principios morales», necesita una pléyade de periodistas-felpudo que defienden a su Gobierno a todo trance. En TVE y La Sexta han destacado cinco tertulianos y dos tertulianas (bueno, un par de ellos son más felpudos de Iglesias) que podrían ahorrarse abrir la boca: son papagayos de la Coalición y está cantado lo que van a opinar de todo. En España se sabe bien qué clase de personas acomplejadas precisan de una legión de necios para afianzarse. No he de repetir más veces el título de estos artículos.

12-IX-21

No entiendo

He pensado mucho si valía la pena escribir sobre Afganistán. Es obvio que soy lego en la materia y que no puedo arrojar ninguna luz explicativa, ni geoestratégica ni nada. Tampoco soy capaz de añadir algo que no se haya escrito ya en los periódicos. Sólo se me ha ocurrido que, precisamente por ser lego —a diferencia de los tertulianos televisivos, que se convierten en expertos en cualquier asunto tras una noche en vela consultando Internet—, quizá me cabe expresar la misma incomprensión que debe de asaltar a buena parte de la humanidad seguidora de las noticias. Porque lo cierto es que no entiendo a los políticos actuales, sean jóvenes o veteranos como Biden y Trump. No entiendo cómo han montado un desastre como el de Afganistán.

No entiendo que, durante veinte años de ocupación del país y de Gobiernos controlados o supervisados por Occidente (el de Karzai primero, luego el del huido Ghani), nadie se diera cuenta de que su corrupción y su latrocinio eran tan exagerados que el Estado no se podía poner en marcha adecuadamente. No entiendo que Occidente creara un ejército regular afgano (Biden ha repetido que contaba con 300.000 hombres, cuatro veces más que los contingentes talibanes, y que estaba bien pertrechado tras los miles de millones de dólares en él invertidos), y que nadie reparara en que era una fuerza inútil, parcialmente atontada por el opio y completamente desmotivada, al revés que sus enemigos, poseídos de vehemente determinación. No entiendo, por tanto, que la segura lucha que vendría en cuanto Estados Unidos anunciara su retirada, le fuera encomendada en exclusiva a tal fuerza débil. Tampoco que el anuncio de dicha retirada se hiciera en mayo o así, meses antes de su prevista conclusión (31 de agosto), dando sobrado tiempo a los talibanes para iniciar su reconquista con garantías de que no iban a ser parados ni a encontrar apenas oposición. En realidad esa retirada la pregonó Trump un año antes, en 2020, con su habitual falta de escrúpulos, y encima mantuvo conversaciones y pactó con los talibanes, que no le parecieron tan bárbaros ni crueles como se decía. Lo grave no es que «se dijera», sino que, entre 1996 y 2001, el mundo *vio* y supo de sus atrocidades: no sólo albergaban los campamentos terroristas de Al Qaeda y al mismísimo Bin Laden, sino que impusieron la *sharía* en su versión más salvaje y retrógrada, con manos cortadas por un hurto, lapidaciones por adulterio o por «actos impuros», ejecuciones públicas de disidentes como único entretenimiento para la población, ya que el resto fue tajantemente prohibido: la música, el baile, el deporte (ajedrez incluido), la radio y la televisión, las series y libros extranjeros, la risa de las mujeres... Ah, qué decir de las mujeres. Obligadas a vestir burkas, a no trabajar, a no estudiar a partir de los diez años, a no salir a la calle más que acompañadas de un varón (ni siquiera para acudir al médico), a permanecer encerradas y ocultas. Los talibanes destruyeron toda obra de arte pre o no musulmana, piezas valiosísimas e insustituibles. El mundo asistió estupefacto a distancia. Yo, lo lamento, no entiendo cómo durante los veinte años que *no* estuvieron en el poder no se acabó de algún modo —no necesariamente violento— con esa secta de criminales, ni cómo se ha podido tratar con ellos confiando en que hubieran cambiado o evolucionado, una gente que justamente detesta y se niega a evolucionar. No entiendo que ahora se hable de «talibanes moderados», como en su día no entendí que, cuando apareció Erdogan en Turquía, se lo calificara universalmente de «islamista moderado». Tanto lo uno como lo otro suponen una absoluta contradicción en los términos, y así se ha comprobado con Erdogan.

Tampoco entiendo que, vista la rapidez del avance talibán a lo largo del verano, Estados Unidos, Reino Unido, Alemania, Italia, Suecia, Holanda, España, no comenzaran la evacuación de su personal diplomático, sus nacionales y los afganos que los habían ayudado durante dos décadas... hasta que Kabul ya había caído. Un par de semanas antes el famoso aeropuerto no habría sido un caos infernal y acaso todavía operaban vuelos regulares. ¿En verdad a nadie se le ocurrió que iba a suceder lo que sucedió? Y, por favor, ¿qué lumbreras pensaron que los talibanes se habrían «reformado», que ahora serían respetuosos caballeros cumplidores de su palabra, que no engañarían, que no esclavizarían a las mujeres de la manera más repulsiva? Escribo esto a finales de agosto, y tampoco entiendo que las feministras de nuestro Gobierno —Belarra, Montero— no hayan soltado más que unos mezquinos tuits antiamericanos y no se hayan preocupado por esas mujeres aplastadas, que ven hundirse su mundo de relativas libertades. Bueno, se han preocupado ¡por los afganos LGTBI!, a quienes han instado a inmolarse. O quizá sí lo entiendo. Es el mismo fenómeno de desenmascaramiento y falsedad que se dio en esas articulistas que llevan la II República tatuada en la frente y se aprovechan de ella, y en cambio callaron deliberadamente cuando Iglesias ofendió a sus dignos y sufrientes exiliados al asimilarlos... con el habitante de un lujoso palacete belga conocido como Puigdemont.

19-IX-21

Cuento de septiembre

De mis amigos, dos tienen dinero. Uno mucho, el otro bastante. Sus actitudes hacia sus respectivas fortunas (en ambos casos conseguidas con su esfuerzo y legítimamente) son tan contrapuestas que no sólo me llaman la atención, sino que sigo con interés sus evoluciones y la manera en que disponen de ellas. El primero, al que llamaré Folcuino para que nadie real se dé por aludido, recurre a veces a gestos magnánimos hacia los pobres lejanos (apadrina a una niña en Namibia, envía sumas a Etiopía), y procura que sus conocidos se enteren de esta generosidad suya a distancia. En cambio, es incapaz de soltar un euro a sus hijos o sobrinos o allegados cuando lo necesitan. Como se considera hombre justo, les argumenta que ellos han elegido sus formas de vida y que deben saber costeárselas sin ayudas ajenas, como él hizo en su juventud. No desea «malacostumbrarlos», ni que crean que ante cualquier apuro alguien —él— les sacará las castañas del fuego, y en eso es muy estricto. No le importa que estos hijos y sobrinos jóvenes hayan padecido las penurias y el desempleo que trajeron la crisis de 2008, primero, y después la pandemia. Tampoco que tengan niños pequeños, una fuente de gasto infinito y creciente. «Si se han permitido ese lujo», opina, «han de saber mantenerlo. De lo contrario, no deberían». No lo ablanda que esos niños sean sus nietos. Disfruta de ellos y es cariñoso, pero juzga que a él no le toca hacerse cargo económico de sus pañales o escuelas, ya cumplió sacando adelante a sus propios vástagos. A mí me parece más bien que esas ayudas o préstamos familiares no le «lucirían»; si se los comentara a sus amistades, quedarían en nimiedades «esperables», sin mérito ni brillo alguno. Folcuino no ahorra en sí mismo, luego no es el miserable que, por acrecentar su dinero, se priva de comodidades y caprichos (su colección de pinturas es apreciable, dentro de sus posibilidades: es rico, pero no multimillonario). Pero no concibe gastar en quienes tiene cerca, sólo en desconocidos remotos y abstractos. Así, tampoco es tacaño del todo, lo es sólo con los próximos, cuyas trayectorias y decisiones está en posición de aprobar o desaprobar. Si un hijo o una hija le solicitan favores, su respuesta siempre es: «A mí, a tu edad, nadie me los hizo».

El otro amigo, al que llamaré Liudwino por el motivo ya mencionado, es menos calculador con su inferior fortuna. Entiende que le ha llegado por suerte (aunque haya trabajado lo suyo), y por tanto se desprende de ella con mayores naturalidad y ligereza. Si alguien le presta un servicio (un peluquero, una pedicura) y lo que le cobra le parece poco en proporción a la tarea y el tiempo empleados, decide pagarle el doble, que tampoco es tanto. A las pocas personas que para él trabajan las obsequia con aguinaldos de verano e invierno, y las gratifica con bonus si el año le ha resultado propicio. A sus hijos y sobrinos les presta razonablemente, a sabiendas de que luego no les aceptará la devolución del préstamo. Es decir, se lo regala, atendiendo a esta recomendación: «Nunca prestes más de lo que estarías dispuesto a dar». Al obrar según este consejo, nunca se enfada si no hay intento de devolución, ni —claro está— se impacienta. Entre los que piden en la calle, da a quien por alguna razón le hace gracia o lo conmueve, o a quien toca una música de su agrado, mientras que Folcuino se niega por principio, con el argumento de que «la caridad va contra la justicia». Liudwino no está en desacuerdo, pero es consciente de que quien vive sin techo sólo ansía llegar al siguiente día, y que le da igual alcanzar esa meta mediante la caridad o la justicia. Liudwino, en cambio, no aporta nada a las ONG, ni envía cantidades a Haití o Turkmenistán. No le consta que vayan a llegar a los desharrapados de esos países, a los cuales no conoce: no va a contemplar sus expresiones de alivio o de agradecimiento. Está al tanto de que su generosidad no es enteramente desinteresada. Cuando ve el contento de sus hijos o sobrinos por haberles resuelto un problema cotidiano o saldado una deuda o sufragado un viaje, su comentario suele ser: «Es que da gusto verlos tan alegres». Con ese gusto y esa alegría se siente pagado. Igualmente, si le entrega cincuenta euros a un pordiosero, la cara de estupefacción de éste es ya su premio. «Yo no puedo ver el efímero alivio de una madre de Uzbekistán con cinco hijos. Que se ocupen los adinerados de allí, que los habrá a buen seguro.» Le trae sin cuidado lo que hagan con el dinero sus favorecidos, sean hijos o pedigüeños. Nunca les pregunta, a diferencia de Folcuino, que pretende saber con detalle, y aun así rehusará casi siempre, «porque no me convence ese uso».

No soy quién para decir cuál de los dos hace mayor bien. Sin embargo, no me cabe duda de que Liudwino, aunque su fortuna mengüe, vive con una dosis superior de contento. Su generosidad es de andar por casa y no trasciende; no es «grandiosa» ni nada de lo que enorgullecerse («qué menos que echar una mano a los hijos»). Pero se acuesta en más ocasiones con el recuerdo de las pequeñas alegrías que ha hecho posibles.

26-IX-21

Barcelona desfigurada

Con tanto confinamiento, «perimetraje» y demás, hacía más de un año que no podía pisar Barcelona, donde viví de 1974 a 1977. Mejor no recordar la ciudad viva, vibrante, abierta y con carácter de aquella época. Uno se echaría las manos a la cabeza y permanecería en tan incómoda postura días y días. Basta con acordarse de la Barcelona pre-Colau, turística y amansada pero preciosa, para desesperarse al ver la mamarrachada en que esta alcaldesa bufa la ha convertido. Había visto fotos, pero éstas resultan benévolas al lado de la realidad. A quienes no hayan visitado Barcelona hace tiempo, lamento comunicarles que ahora se asemeja a Disneylandia o al Neverland de Michael Jackson, pero en cutre y peor, porque gran parte de las calzadas están pintadas de colorinches. Abunda el chillón amarillo independentista, y hay calles en las que predomina el verde, el rojo o el azul lánguido, o una infame mezcla de tonalidades. Todo ofrece un aspecto pueril y hortera. Sé que esta última palabra está casi en desuso, y que a la elitista Colau le sonará a elitista, pero lo siento, no hay otra mejor para describir el chafarrinón esperpéntico, o bien habría que recurrir a otras igualmente mal vistas: pueblerino, palurdo, cateto, esa gama. No crean que los pintajos son discretos: ocupan grandes extensiones y adoptan diversas formas: flechas, círculos, cuadrados; a vista de pájaro recuerdan un tablero de parchís caótico y diseñado por esquizofrénicos.

El pretexto para esta redecoración salvaje de una ciudad noble, hasta lograr que hiera la vista, es la demente ampliación de las zonas peatonales. Es decir, allí donde vean ustedes los suelos pintarrajeados o con bolas de piedra, está prohibido el paso o estacionamiento de vehículos, a los que se ha robado enormes porciones de calzada para «regalo» de viandantes. (Añadan a eso los carriles-bici, o -patinete y otros juguetes de infancia.) Aunque no haya desnivel, los garabatos horrendos indican que se trata de «aceras». Claro que pocos se aventuran a caminar por ellas, porque se corren riesgos. Para mayor imbecilidad, la señorita Colau (ya dije hace mucho que la domina el señoritismo, por ejemplo en sus relaciones con la Guardia Urbana, a la que considera servidumbre) ha colocado en algunas calles unos toscos bloques rectangulares que pretenden ser bancos, pegados a la zona de calzada reservada a los automóviles. Entre la dureza de esos bloques sin respaldo y su vecindad al tráfico torturado, a nadie se le ocurre hacer uso de ellos.

Todo esto responde a la enloquecida cruzada colauita contra los coches, que ansía desterrar totalmente. No sé, pero a una persona de setenta o más años no la veo mucho en bici ni en patinete (no digamos a un inválido), pero a ella le da igual eso: que se queden presos en sus casas. Lo más sangrante es que pretende que nadie barcelonés se mueva en coche... menos ella y los miembros de su Govern, que se desplazan en vehículos oficiales a gran velocidad, pagados por los contribuyentes.

Esta cruzada primitivista y retrógrada (las ciudades no pueden *ser sin* automóviles, sólo sea por las largas distancias) se ve complementada por la «renaturalización de Barcelona», que a grandes rasgos consiste en que la invada la jungla. De ahí que el Ayuntamiento no pode *nunca* los árboles, permitiendo que sus ramas se cuelen en los pisos cercanos y dañando a los propios árboles, a los que no se debe dejar crecer sin ton ni son si se quieren evitar sus enfermedades y su lenta muerte. Si por ella fuera, las malas hierbas asomarían por las aceras y calzadas. De hecho, cuando esto ocurre (y ocurrió durante el confinamiento estricto), tales hierbas no se arrancan, sino que se dejan a su aire como las de una aldea fantasma. Durante meses y meses, creció a lo bestia una planta alucinógena y venenosa, el estramonio, en el Paseo Lluís Companys donde juegan y corren niños. Colau y su equipo son tan ignorantes que ni siquiera saben qué es venenoso. Hasta que no hubo furiosas protestas de jardineros y botánicos, no se tomaron medidas. Que no se han tomado, en cambio, contra los nocivos plantones que pueblan los alcorques de la ciudad ni contra las numerosas ratas.

En más de una ocasión, hablando de la atormentada Madrid, me he escandalizado de que los alcaldes no estén controlados, y de que se les conceda poder para destrozar las ciudades y privarlas de su carácter asentado a lo largo de siglos. Lo consiguen mediante obras superfluas y desdichadas que a menudo las vulgarizan y afean. Lo que ya me parece insólito es que también tengan poder para «redecorarlas» a su hortera antojo, como si fueran sus dormitorios; a pintarrajearlas de arriba abajo como parvularios. Y no comprendo cómo los barceloneses, tan legítimamente orgullosos de su ciudad, tan celosos de su aspecto y su arquitectura y su urbanismo, no se han echado en masa a las calles para impedir el atropello mayúsculo y la imparable fealdad de su capital tan elegante. Debe de ser una señal más de la inexplicable obediencia bovina —o hechizo— que ha llevado a demasiados catalanes a comprar incontables camisetas con lemas, y formar corros, triángulos o cadenas humanas, según se lo mandaran los señoritos cada año.

3-X-21

El deseo de que todo esté mal

Le gusta recordar a Manuel Rodríguez Rivero, en su sección de *Babelia*, la existencia en alemán de una palabra, *Schadenfreude* —«alegría por el mal ajeno»—, que deberíamos tener en español por la frecuencia con que se experimenta dicha alegría en nuestro país. Por el mismo motivo, debería haber otra con el título de este artículo (ignoro si la hay en alemán). La operación consiste principalmente en tomar unos pocos ejemplos aberrantes de la realidad, poner el foco sobre ellos (la prensa lo hace con deleite) y deducir que la sociedad entera está enferma, contaminada por esos actos, y es partícipe y responsable de ellos.

Y sí, claro que la violencia machista es un problema de primer orden. Quien pega o mata a una mujer, quien la viola o abusa de ella, merece la mayor repulsa imaginable. El problema no es español, sino casi universal. En Francia, en la civilizada Suecia, no digamos en la incivilizada Rusia o en los países con estricta aplicación de la *sharía*, el número de mujeres muertas o apaleadas por sus parejas o ex-parejas es muy superior al español. Lo que se olvida a menudo, deliberadamente, es que nuestro número también es infinitamente inferior al de cualquier época pasada, aunque sólo haya cómputos fiables desde hace relativamente poco. El salto que ha dado la sociedad española en su conjunto, la conciencia adquirida de que ese maltrato es repudiable e intolerable, han sido inmensos desde que tengo memoria (nací bajo el franquismo, sí, pero no en el siglo XIX). Sin duda ha habido una progresión extraordinaria, pero eso, al parecer, no conviene recordarlo. Para mucha gente es mejor y más rentable fingir que todavía vivimos en los años cuarenta del último siglo, cuando, en efecto, las mujeres carecían de muchos derechos fundamentales y no estábamos lejos de tratarlas como en Marruecos. De esos años cuarenta no queda rastro, ni de los cincuenta o sesenta, por fortuna. Y sin embargo hay gente —y periodistas malévolos— que se niegan a ver eso, en su deseo de que todo sea inadmisible y calamitoso. Sigue habiendo injusticias estructurales, y todo puede y debe mejorarse y las mujeres han de estar más protegidas, pero España no es el lugar que esa gente —o el obsceno y reciente *spot* del Ayuntamiento de Salamanca— quieren pintarnos.

Otro tanto sucede con la homofobia o LGTBIQ+fobia. Hay agresiones e insultos y hasta algún asesinato, pero no vivimos en un panorama espantoso para las personas incluidas en esas siglas y las que se irán añadiendo. Justamente aquí se aceptaron con alegría, más que rechazo, los travestis en los años setenta y ochenta. Para mi sorpresa y contento, el matrimonio homosexual se tomó con naturalidad y aprobación, exceptuando a los obispos ceñudos y a los partidos reaccionarios como el PP. La gran mayoría de españoles no sólo no se opuso, sino que aplaudió, mucho más que en otras naciones teóricamente más avanzadas, como la laica Francia o los liberales Estados Unidos, en los que las resistencias y protestas fueron más clamorosas. Debo reconocer que esa loable actitud no la esperaba yo de mis compatriotas, y sin embargo fue la dominante. En las encuestas actuales (no es que ninguna sea creíble, pero en fin), más del 90 % de la población afirma no sentir la menor animadversión hacia los homosexuales o transexuales; o es más, tratarlos exactamente igual que a cualquier otra persona; o es más, no mostrar curiosidad por sus preferencias o identidades sexuales. Pese a lo cual también hay gente que se indigna justamente ante cualquier agresión o mirada despreciativa o burla hacia lesbianas, *gays* y demás, y de paso se indigna injustamente hacia una sociedad que ha dado sobradas muestras de madurez y tolerancia en este campo (no me gusta «tolerancia» porque no hay nada que tolerar; digamos de indiferencia). A la mayor parte le trae sin cuidado con quién o quiénes se acueste cada cual, y los casos de opresión o salvajadas —que los hay— son afortunadamente excepciones, por mucho que eso fastidie a quienes desean que todo vaya fatal.

Cabría decir algo similar del racismo, aunque aquí hubo pocos negros hasta los años ochenta, no es como en los Estados Unidos. En ese país me sorprende que hoy nadie recuerde los grandes progresos antirracistas que se han dado desde los años sesenta, cuando todavía había segregación en el Sur; ni, sobre todo, la enorme cantidad de blancos *yankees* o nordistas que murieron en una larga Guerra Civil entre cuyos objetivos estaba la abolición, en todo el territorio, de la esclavitud. Esa guerra, una de las más horrorosas del siglo XIX, con centenares de millares de víctimas, se libró eminentemente entre blancos (pocos negros participaron: lo tenían difícil). Jamás hay una palabra de agradecimiento o de reconocimiento a aquellos muertos por parte de Black Lives Matter y movimientos afines. Casos como el de George Floyd merecen toda la repulsa. Pero, aunque se den, no se está en 1860 ni en 1960. Silenciar los progresos y la parte buena de la historia, subrayar sólo la mala y fingir que nada ha cambiado, es exactamente el título de esta pieza. Deseo para el cual debería existir vocablo en unos cuantos idiomas, no solamente en español.

10-X-21

Lamento por la muerte de Gasset

Escribo esto tres días después de que nuestro amigo haya muerto. Yo lo conocí hacia mis veinte años, él tendría veinticinco y llevaba camino de ser director de cine, como su íntimo Jaime Chávarri, Emilio Martínez-Lázaro, mi primo Ricardo Franco, Augusto M. Torres e Iván Zulueta. Fue el único de ellos que nunca firmó un largometraje, y es una lástima, porque su hoy desconocido cortometraje, *Los hábitos del incendiario*, me pareció en su día muy bueno. Claro que de esto hace una vida. Gasset (así solíamos referirnos a él) era hijo de marino mercante y padecía una leve cojera de infancia, de la que logró sentirse orgulloso calificándola de «byroniana». No sé por qué, acabó encontrando acomodo en TVE, primero en *Informe Semanal*, luego en *Días de cine*, programa que, contra su voluntad, llegó a presentar para convertirse en uno de los rostros y voces más apreciados durante una década o así. Yo creo que, para sus comentarios ingeniosos e impertinentes, se inspiró vagamente en los de su admirado Hitchcock en sus series televisivas. Parecida seriedad aparente, parecida impasibilidad, les permitían a ambos soltar toda clase de inconveniencias y de bromas, políticamente incorrectas en el caso de Antonio, macabras en el de Sir Alfred. Corren por ahí antologías de las «insolencias» y salidas de tono de aquél. Mi favorita no la recuerdo bien, pero, al anunciar una de sus detestadas pausas publicitarias, recomendó a los espectadores aprovecharla para fisgar en los cuartos de sus vástagos adolescentes, que estarían probablemente de farra, «o haciéndose un tatuaje o algo aún peor».

Cuantos han escrito sobre él en estos escasos días han subrayado que nunca se habían reído tanto con nadie como con él, y corroboro la afirmación. Era hombre de inagotable ingenio y lengua muy afilada, que no sabía o no quería controlar. Esto lo llevó a problemas con sus jefes, pues era incapaz de no gastarles las bromas (con burradas) que gastaba a todo el mundo, y algunos de esos superiores se lo intentaban hacer pagar. Gasset, sin embargo, poseía una extraordinaria habilidad para salir de los líos en que se metía. Se hacía tanto querer, y era tan gracioso, que se le acababa perdonando casi todo. Le daba pánico volar, más que a mí, porque nunca llegué a su extremo: en un viaje de trabajo, y con todo el pasaje embarcado, le entró tal angustia (o tal convencimiento de que aquel avión se iba a caer) que decidió bajarse. Ante los obstáculos de la tripulación —era demasiado tarde—, insistió tanto que no quedó más remedio que abrirle la portezuela, con el consiguiente retraso en el despegue, la pérdida del billete y de su misión en el Festival de Cannes o Berlín. Estaba seguro de que lo despedirían, pero se libró con una temporada haciendo pasillo en TVE como castigo. Tiempo después, sin embargo, ésta lo obligó a jubilarse por tener... ¡más de cincuenta y dos años! (TVE siempre ha sido estúpida y ha servido sólo a sus Gobiernos.)

En una época cenábamos juntos casi a diario, con un grupo formado por Tano Díaz Yanes, Eduardo Calvo, el añorado Toni Oliver, Edmundo Gil, ocasionalmente Paloma Aristegui, Maru Valdivielso y otras jóvenes de entonces. Como Gasset era arbitrario, por una tontería de jóvenes un día volvió su afilada lengua contra mí. Me enfadé y me alejé de él. Al cabo del tiempo, a través de Tano, pidió «permiso» para unirse a las cenas que éste y yo celebrábamos con regularidad. Le fue «concedido», claro está, y desde aquel momento las cenas fueron de tres. Un Gasset más calmado, pero tan divertido y agudo como siempre. Le gustaban sobremanera las mujeres y tenía gran éxito con ellas. También era enamoradizo, y cuando se enamoraba en serio, era el más apasionado. Su amor por la alemana Andrea, madre de su hija Cósima, lo llevó a pasar la mitad del año en Berlín; pero cuando venía a Madrid era como si no se hubiera ido jamás. Era sentimental, hipocondriaco, melancólico, *culé* por provocar en Madrid, cariñoso y leal a su manera intermitente. Ya he dicho que casi todo se lo hacía perdonar, porque la risa es el mejor regalo que se nos puede hacer.

En los ultimísimos años lo vimos poco, Tano y yo. Aducía disculpas raras para no acudir a nuestras cenas, que le encantaban, por lo demás. Creo que decidió no dejarse ver apenas en cuanto supo de su enfermedad, comportándose como un personaje de Peckinpah, al que adoraba, o como el John Wayne de John Ford, con silencio y dignidad. Hablábamos por teléfono o nos cruzábamos *sms* a veces. El último suyo fue tras mandarle yo *León en el jardín*, las entrevistas con Faulkner que publiqué en abril. Decía: «¡Mi venerado Faulkner! Gracias, Javier». Ignoro si alcanzó a leerlo, ojalá sí, era un lector impenitente y magnífico y una de las personas más entendidas en cine, aunque jamás hacía alarde de ello. Pero para mí era sobre todo el amigo antiguo y querido, que con unas bromas atenuaba nuestros pesares, y nos levantaba el ánimo y hacía reír. Las cenas, ay, volverán a ser de dos. Me disculpo con cuantos asistieron a su entierro o cremación. Esas ceremonias me vencen, y para mí Gasset seguirá en su pequeño piso de la calle Zurbano. Así que esta es mi pálida manera de darle sepultura y un último abrazo, y de despedirme sólo un poco de él.

17-X-21

Profundamente de derechas y muy de derechas I

Los que toda la vida nos hemos considerado demócratas de izquierdas, con las oscilaciones propias de los tiempos y de la edad, tenemos un grave problema en España, y menos mal que no se celebrarán elecciones hasta dentro de dos años largos. Contamos con una derecha profundamente de derechas y con una supuesta izquierda que también es de derechas. La primera afirmación no requiere de grandes explicaciones: basta con mirar al indisimuladamente franquista Vox, al obtuso PP que desoye las voces de sus figuras más avispadas y civilizadas, a C's que ya no sabe dónde está ni dónde quiere estar. La segunda sí las requiere, aunque para mí es evidente por qué el actual PSOE, Podemos y Más País son muy de derechas. No me basta con que atiendan —levemente— a las clases desfavorecidas, eso les es necesario para que la engañosa etiqueta «de progreso» no se les despegue de la frente con la más ligera brisa. Pero estos partidos llevan años dedicados, sobre todo, a cuestiones tan sólo vistosas, y populistas a más no poder.

Yo me pregunto si hay algo más reaccionario que la división de la humanidad por sexo —casi la segregación—. Los feministas tradicionales buscábamos justo lo contrario: que eso resultara indiferente a la hora de valorar la competencia, la eficacia, las creaciones artísticas y literarias, los méritos para ocupar un cargo. Durante décadas las propias mujeres anhelaban que dejara de ser noticia —de subrayarse— que una de su sexo consiguiera tal o cual éxito, que entrara en la Academia o ganara el Nobel, que dirigiera una multinacional. La llamada «cuarta ola del feminismo» es lo opuesto: ha convertido a los medios de comunicación en «sexadores» de personas, en incansables contadores del número de mujeres que hay en cualquier lugar, sea un gobierno o un festival de cine. Eso delata un espíritu belicoso constante y una negación de la *égalité*, la *liberté* y la *fraternité*, de ahí la división reaccionaria. Ya no importa la lucha de clases, sólo la de sexos, que destierra aquélla completamente.

También me pregunto si hay algo tan retrógrado como la defensa a ultranza de los seres irracionales, en detrimento de los racionales. (Es un síntoma más del avasallamiento de la razón por parte de la sentimentalidad.) Así, sometiéndose al primitivismo extremo de los animalistas, el Estado prohíbe que se cace o mate un solo lobo, permitiendo que sus manadas —que se reproducirán más y más rápido— masacren tranquilamente ovejas y reses. Da lo mismo que este animal peligroso sirva de poco a los humanos; es más, que perjudique y arruine a los ganaderos y pastores, que no son precisamente clase alta y que dependen de sus rebaños —cuyo cuidado es tarea tan dura como la de un albañil— para sobrevivir y para abastecer a la población. En la noticia de hace unas semanas sobre la invasión de jabalíes en las zonas elevadas de Barcelona —ya dije que Colau ansía convertir la ciudad en jungla, y por eso apenas permite la caza de los encolmillados, ya unos 1.500—, destacaba la frase de una vecina «piadosa»: «Sí, son demasiados y están por las calles, ¿pero matarlos? También son seres vivos». A esta señora cabría contestarle: «Lo son en efecto, exactamente igual que las ratas portadoras de enfermedades, las serpientes venenosas, los mosquitos del Nilo y los alacranes, por no hacer larga la lista. Y que las plantas y setas nocivas, que más vale que estén sólo en los bosques, no en la ciudad».

¿Pueden ser de izquierdas partidos que veneran a Perón —tan amigo de Franco—, se asemejan en sus métodos difamadores a la Falange de los años treinta, y no acaban de ver con malos ojos a los talibanes ni a Irán, en tanto que enemigos acérrimos de Occidente en general? ¿Pueden serlo quienes jamás condenan a las dictaduras presuntamente izquierdistas? Nunca les he oído una palabra contra la rabiosa pareja Ortega-Murillo, que reprimen y matan en Nicaragua y acaban de enviar al exilio al escritor Sergio Ramírez, antiguo Vicepresidente sandinista. Tampoco contra Maduro, cuya bota ha echado a patadas a cuatro o cinco millones de venezolanos, quizá más de los que echó nunca Franco con su bota militar. Ni una contra la Cuba castrista, que somete con mano de hierro a su pueblo, sin elecciones ni partidos libres, desde hace sesenta años largos... Tampoco les parece mal la Rusia de Putin, que no sólo asesina y tortura a sus disidentes, sino que se apoya en la Iglesia ortodoxa, no más tolerante que la católica en época de Franco. ¿Puede ser *verdaderamente* de izquierdas, y demócrata, quien hace distingos entre unas dictaduras y otras? Tal vez, si su modelo es Jean-Paul Sartre, que en su juventud se aproximó al nazismo y en su vejez calló o defendió las carnicerías de Mao Zedong (Mao Tse Tung para mi generación), y que rechazó el Nobel públicamente para luego reclamar en privado el dinero del premio. En absoluto, si sus modelos son Albert Camus o George Orwell, sin duda de izquierdas, pero que denunciaron la supresión de libertades, los crímenes y las injusticias, sin importarles qué regímenes los cometían, sino solamente la verdad. Huelga recordar que el mayor paladín actual de la antiverdad es Donald Trump... Pero hay más, y más cercano. Otro domingo, quizá.

24-X-21

Profundamente de derechas y muy de derechas II

Para retomar el hilo del domingo pasado, insisto en que hoy la derecha española es profundamente de derechas, obsesionada como está con los inmigrantes, con una España pretérita idéntica a la de la dictadura, con las comunidades autónomas que ansía suprimir, con el aborto, con la Unión Europea que le desagrada hasta aproximarla a Polonia, a Hungría y al Reino Unido del Brexit. Todo esto es evidente, con matices, así que volvamos a la falsa izquierda, que también es muy de derechas. ¿En qué más?

La Real Academia Española, tan criticada, es escrupulosamente democrática en lo referente a la lengua. Lo admite todo en su *Diccionario*, lo bueno y lo malo, las palabras impolutas, los tacos y las expresiones despectivas, por la sencilla razón de que los hablantes —el pueblo— los utilizan o han utilizado. Va con gran tiento, y sólo retira una acepción cuando han transcurrido cinco siglos sin que aparezca en un texto; sólo la modifica cuando deja de significar lo que solía; sólo incorpora nuevos vocablos cuando éstos se han asentado y su uso es bastante general. Es decir, se limita a registrar lo que los hablantes de España, México o Colombia, espontánea y naturalmente, deciden que pertenece a la lengua. Un ejemplo claro y antiguo es este: etimológicamente, y en la mayoría de idiomas, lo correcto es «crocodilo». El hablante español, sin embargo, debió encontrarlo trabajoso de pronunciar y escogió decir «cocodrilo», y así se quedó. La izquierda actual es, en cambio, reaccionaria en este campo, porque pretende cambiar la lengua desde arriba, desde sus élites, e imponer términos y construcciones artificiales, dictadas desde su poder, así como prohibir y expulsar otros que la gente aún emplea y que consagraron, nos guste o no, Cervantes, Lope, Clarín o Pardo Bazán; o Quiroga, Borges o Rulfo, tanto da. Esta presunta izquierda es tan ignorante como lo fue el franquismo. Nada sabe de filología ni de la evolución de las lenguas. Inventa tontadas «ideológicas» y con ellas violenta a los castellanohablantes, esto es, al pueblo que asegura defender. El español ha ido variando y seguirá haciéndolo, pero a su ritmo paulatino y de forma natural, no por las ocurrencias semianalfabetas de una Ministra y su equipo, a los que nadie recordará, ni de unos «colectivos» tan susceptibles que ven agravio en vocablos neutros como «manco», «cojo» o «gordo» (éste es tan neutro como «flaco»). Son palabras que dice y escribe la gente, y la gente es soberana en este ámbito. No es en absoluto democrático, ni de verdadera izquierda, querer contravenir sus usos, su libertad y sus deseos.

Pero quizá lo más revelador es su apoyo a los independentistas catalanes (y vascos, pero éstos merecen mención aparte), sólo compartido por los neofascistas flamencos, los neofascistas de Salvini y su Lega, Putin... y casi paren de contar. El actual PSOE hace virguerías para no condenar el *procés*: otorga indultos, propicia una «mesa de diálogo» con quienes no van a dialogar, y de ella excluye al 50 % de los catalanes —los no independentistas—, como si no importaran y la Generalitat fuera la autoproclamada dueña del país; con ello humilla precisamente a los ciudadanos más pobres y vulnerables, bastantes de los cuales se han visto impelidos a abandonar Cataluña por el repentino rechazo de sus vecinos, inspirado por el Govern. Sé de personas de origen extremeño, andaluz, murciano, que se sentían ya tan catalanas como la que más —¿recuerdan aquella gran mentira de Jordi Pujol, «Catalán es todo el que vive y trabaja en Cataluña»?—, y que después de tres décadas han vuelto con enorme tristeza a sus lugares de nacimiento, a los que no los ataba ya nada. Ahora que tan decisivos son los «sentimientos», según los independentistas, ¿no cuentan en absoluto los de esta pobre gente? La supuesta izquierda se hace cruces por la deportación de mexicanos en los Estados Unidos, pero ni se inmuta ante esta otra sibilina expulsión gradual.

Pero, sobre todo, ¿cómo ninguna izquierda puede simpatizar con una «revolución» de señoritos ricos, de caciques a menudo corruptos y ladrones, de élites racistas y despreciativas, de individuos totalitarios, como quedó comprobado en las «leyes de transitoriedad» promulgadas por el Parlament el 6 y el 7 de septiembre de 2017, seguidas de un referéndum caótico y amañado, en el que muchos votaron en plena calle o varias veces, y que jamás habría sido dado por válido en ningún país del mundo, salvo en repúblicas totalitarias... y en la Cataluña de hoy? El alma de Podemos gritó «*Visca Catalunya lliure!*» en una Diada o dos, como si Cataluña no llevara cuarenta años eligiendo a sus representantes y a su Govern. Nuestra presunta izquierda, así pues, ve con agrado la creación de un Estado unilateral, autoritario, excluyente, con imposiciones y prohibiciones, sin justicia independiente ni nada de nada independiente... No es extraño que ya hayan huido de allí numerosos izquierdistas, tan catalanes de pura cepa como Junqueras y Puigdemont. A éste, Zapatero aspira a hacerlo volver a España con sus cargos reducidos a la mínima expresión, «porque es importante para el diálogo». Mientras, este individuo boicotea esa «mesa de diálogo» inútil y echa pestes de todo lo español. Esta clamorosa connivencia, ¿no es tremendamente de derechas, por caridad? Así que no, no tenemos ya qué votar.

31-X-21

Aún lejos de mil

Empecé a escribir artículos dominicales en diciembre de 1994. No aquí, en otro sitio, en el que permanecí ocho años hasta que sus responsables se negaron a publicarme uno, sobre la religión.* No me aguanté; me largué sin más. Y unos meses después, en febrero de 2003, aterricé en esta página de *El País Semanal*, a la que no he faltado una sola vez, exceptuando los meses de agosto, en los que libro. El entonces director de este diario, Jesús Ceberio, me había sondeado con anterioridad, pero, como tiendo a ser leal, y nada había ocurrido todavía con la otra revista, agradecí su gentil ofrecimiento y lo decliné. Pero volví a agradecérselo y sí lo acepté cuando me enfadé con ese otro sitio y me fui. Así que llevo usufructuando este privilegiado rincón desde febrero de 2003, es decir, casi diecinueve años.

Tengo la costumbre de numerar mis piezas, y sé que allí escribí 409 (contando la que no vio la luz), y que esta de hoy es la 900 en *EPS*. La amable y competente Belinda Saile, que con infinita paciencia las recibe por fax, escaneadas o fotografiadas, me preguntó, al observar que me aproximaba a esta cifra, si escribiría algo al respecto. Le contesté que no, que ya lo había hecho con la columna 800** y que mejor aguardar a la 1.000. Pero como para alcanzarla faltarían unos dos años más, e ignoro si

---

* «Creed en nosotros a cambio», artículo escrito en septiembre de 2002, recogido en *Harán de mí un criminal* (Alfaguara, 2003). *(N. del E.)*

** Titulada «Que no se libre nadie», recogida en *¿Será buena persona el cocinero?* (Alfaguara, 2022). *(N. del E.)*

voy a durar ese tiempo sin moverme ni en el mundo (aprovecho para desearle a Almudena Grandes una rápida y total recuperación de la dolencia de que nos habló), me decido a «celebrar» estas 900, que en realidad son 1.309 si les sumo las de la anterior etapa.

Cuando recopilé en libro (*Mano de sombra*)* las primeras 104 de aquella antigua colaboración, dije que tenía la sensación de haber opinado demasiado. Figúrense ahora. Como he confesado en varias ocasiones, a menudo me siento cansado, o creo que estoy abusando de los lectores, que probablemente desearían encontrar los domingos una cara nueva, una firma más joven y vigorosa, o más dócil ante los biempensantes de hoy. Veintisiete años de cumplimiento semanal son excesivos, también lo son diecinueve en este lugar.

Admito que con frecuencia me siento a la máquina preguntándome de qué puedo hablar ya, porque debo de haber dado mi personal opinión sobre casi todo (no la tendría sobre el volcán de La Palma ni sobre la renovación del poder judicial, al ser profano en esas materias y no ser vulcanólogo ni jurista). Por desgracia o por suerte, vivimos en una época particularmente enloquecida e idiota, en la que abundan los disparates, las pésimas decisiones (Trump, Bolsonaro, el Brexit), los ataques a la libertad y las injusticias (bueno, las dos últimas cosas han existido siempre), y me veo a menudo impelido a señalarlos, procurando razonar y argumentar por qué me lo parecen. No lo consigo a veces, sin duda. Pero eso no me preocupa mucho, porque a estas alturas creo haberme ganado cierto derecho a la arbitrariedad, a las manías y al enfurruñamiento que tanto ofende a algunos hoscos de natural. Cuando uno ha vivido lo suficiente, pocas cosas lo irritan más que asistir a la repetición

---

* Alfaguara, 1997. *(N. del E.)*

y a la copia, esto es, a la presentación de algo antiquísimo como «novedad». Y esto sucede sin cesar, no sé si debido a la secular y deliberada desmemoria española o a la absoluta ignorancia propiciada y fomentada por todo Gobierno español.

Me consta que a bastantes lectores les parezco un cascarrabias, y de eso no me voy a defender. Pero también sé que a otros los «consuelo» o «reconforto» con mis palabras, y que agradecen ver impreso lo que ellos piensan y —me cuentan— no se atreven a expresar ni entre sus amistades, por temor a ser rechazados si lo hacen. A eso hemos llegado, sí: a lo más grave que le puede ocurrir a una sociedad libre y democrática, porque es algo propio de las dictaduras: a tener miedo de opinar en voz alta. Yo estoy seguro de no tenerlo, porque poco puedo ya perder. Si me brean en las redes, me da igual, porque no me entero y no existen para mí; si en este diario dejan de publicarme un artículo o me lo intentan censurar un día, me iré sin más; si se hartan y prescinden de mí, qué se le va a hacer; si caigo fatal a políticos, yo no me trato con ellos; si los lectores no me aguantan unánimemente, me percataré de ello y me retiraré. Les guardo gratitud infinita a los que me han tolerado hasta hoy, y también a los directores de *El País* que me han permitido utilizar esta tribuna. En fin, lo único que me cabe aducir es que siempre he escrito lo que pensaba y no lo que «quedaba bien». Y lo mismo que critiqué a Aznar, Acebes, Esperanza Aguirre, Iglesias o Rajoy, critico ahora a Ayuso, Sánchez, Casado, Almeida o Colau. No tengo en cuenta las siglas, sólo los hechos y las declaraciones de cada individuo. Si eso hoy resulta insoportable, más me vale callar. O no, y hacerme, cada domingo, más y más insoportable para quienes aspiran a una prensa monolítica y más igual a sí misma de lo que ya lo es.

7-XI-21

Desprecio de la propia lengua

Que la lengua española está destrozada por sus periodistas y hablantes salta a la vista y al oído desde hace ya décadas, y el estropicio va siempre en aumento. A él se han unido demasiados latinoamericanos: reinó el tópico de afirmar que su castellano era muy superior, con más vocabulario, más correcto y elocuente que el de nuestro país. Puede que así fuera en el pasado, ya no. Han abrazado de manera tan acrítica y con tal fervor los anglicismos de los Estados Unidos, que hoy hablan y escriben una especie de traslación literal del inglés. Los subtítulos de las películas y series traducidas por ellos son buena muestra de ese calco perezoso o ignorante. En España, desde luego, se sigue hablando y escribiendo cada vez peor, y también aquí los anglicismos nos han colonizado sin oposición. Hay millares de ejemplos, pero me llama la atención uno reciente y que he visto emplear hasta a escritores de prestigio: ahora todo «exuda», en sentido figurado. Una película «exuda brío», una novela «exuda ironía», y así hasta el infinito. No es difícil deducir que ese verbo está emparentado con «sudar», y, que yo sepa, lo único de lo que se puede decir que «exuda» son los cuerpos y los quesos y similares. Han caído en el olvido vocablos más adecuados y no tan malolientes, como «destilar», «rezumar», «rebosar» o «desprender», según el caso.

Otro galimatías es el de las frases hechas. Hace poco oí a un periodista de TVE (gran fábrica de atentados lingüísticos) que el presidente del Barça «desgranaba la margarita» de si despedir o no al entrenador. Hasta donde alcanza mi conocimiento, las margaritas no tienen granos, sino hojas o pétalos, y la expresión siempre ha sido «deshojar la margarita». Hace no mucho la conocían hasta los más ignaros del lugar.

Pero, más allá de la destrucción, observo las insistentes tentativas de expulsar al castellano, y no me refiero a los territorios cuyas autoridades se aplican con denuedo a ello (Cataluña, País Vasco, las copionas Baleares y Valencia), sino al resto del país, que en principio no dispone más que de esa lengua. Primero fueron los carteles de las tiendas y de los anuncios fijos: «*vintage*», «*bargain*» (por «ganga»), «*sold out*» (por «vendido» o «agotado» o «no quedan entradas»), y un etcétera interminable. Esta catetada de recurrir a términos ingleses porque quienes los usan creen que suenan a cosmopolita y mejor, ha llegado también a lo oral, lo cual ya tiene el mérito de lo incomprensible. A la mayoría de nuestra población le resulta muy arduo aprender idiomas (como, por lo demás, a casi todas las poblaciones: la excepción serían las nórdicas y las balcánicas), así como su pronunciación. Más dificultad hay aún en *entender*. Sin embargo, muchos *spots* televisivos ya no están en español, sino en inglés. Algunos aparecen absurdamente subtitulados, para ayudar a la comprensión (¿no sería más lógico que estuvieran directamente en español?), otros ni siquiera, y otros hay que caen en la horterada máxima, como uno de desayunos y meriendas que no puede resistirse a terminar con la siguiente idiotez: «¿Estás *ready*?». A saber qué les impide decir «¿Estás listo?». La mezcla resulta pueblerina, si no patética.

Incurren en esta práctica productos extranjeros y nacionales, marcas cutres y elegantes (casas de moda finolis), de coches y de embutidos, de perfumes carísimos y de fabadas, se apuntan todas sin distinción. A menudo el espectador no entenderá qué se le dice ni tal vez qué se le vende. Pero como el objetivo de todo anunciante es vender más, hay que inferir que acaso la tendencia pedante-cateta tiene éxito. En tal caso, ¿qué le pasa a nuestro país con su lengua, por qué la ve tan inferior al inglés de América (nunca es el de Gran Bretaña), qué extraño complejo se ha instalado en nuestra sociedad? Quizá sea cultural, y, dados los planes de Educación en la Burricie de los Gobiernos socialistas y populares, es bien posible que un alto número de españoles desconozcan hoy a Cervantes, Lope, Quevedo, Clarín, Larra, Baroja, Machado, Pardo Bazán, Valle-Inclán y Lorca, por no mencionar contemporáneos. Pero yo creo que más bien se trata del deseo irrefrenable de ser americanos y de vivir como tales (algo que cuesta aceptar visto el país estúpido en que han convertido el suyo en este siglo). Todo nos lo han exportado mediante sus películas y series: desde su caricaturesca obsesión con el mal llamado «género» hasta sus zafias despedidas de soltero y Halloween, desde el desmedido amor a los perros hasta los discursitos en las bodas y eso de que las novias lleven *«something old, something new, something borrowed, something blue»*, cuya versión española ni siquiera rima. Hace tiempo que no veo partidos de fútbol en grupo, pero me imagino que muchos futboleros patrios los contemplarán ahora entre eructos cerveceros (de Budweiser) y enormes conos de palomitas. Para satisfacer tamaño anhelo, el castellano es un gran incordio. Descuiden: la publicidad, escuela de lelos y cursis desde 1960, podrá añadirse otra muesca: la de boicoteadora de la lengua, sin ofrecer para ella recambio ni sustitución.

14-XI-21

¿Por qué será?

Como el nuevo santoral está ya más abarrotado que el del cristianismo, cada fecha es el «Día Internacional» de varias cosas, algunas tan peregrinas como los plátanos o los botijos. Así, no me extrañó, hace un par de meses, enterarme de que era el de las «escritoras», una discriminación positiva más, supongo. Lo supe por el informativo de TVE, cada vez más clónico del de La Sexta, tanto en mala calidad como en chorradas y sensacionalismo. Lo que sí me sorprendió fue el tono quejumbroso de la celebración. En lugar de festejar a las excelentes escritoras del pasado y aun del presente, dominó la noticia este lamento: según no sé qué estudios o encuestas, a las mujeres sólo las lee un 20 % de varones, mientras que a mis colegas de sexo los leen por igual mujeres y hombres. A continuación se preguntó a tres de ellas, españolas, por las causas de esta desproporción, y, en mayor o menor medida, todas la atribuyeron al machismo imperante, al heteropatriarcado que no se rinde y a la masculinidad tóxica que lo permea todo con su asquerosa omnipotencia. Una de ellas se apesadumbraba porque, pese a haber publicado una novela «sobre el dinero, tema neutro y de interés para todos», se la había considerado «obra femenina» por el mero hecho de firmarla una mujer y de que sus personajes principales fueran dos amigas. Ah, quizá el hecho no fuera tan «mero», entonces...

Habida cuenta de que desde hace décadas muchos de los autores más vendidos son mujeres (desde la remota Corín Tellado hasta las actuales María Dueñas, Julia Navarro, Dolores Redondo, Eva García Sáenz de Urturi,

Elisabet Benavent, Irene Vallejo y otras, pasando por Martín Gaite, Matute y Grandes), cabría preguntarse por qué, de vez en cuando, algunas novelas mujeriles no triunfan lo bastante. Resulta deprimente tener que recordar a estas alturas un diálogo de la maravillosa película *Ricas y famosas*, de Cukor, uno de los más emocionantes y agudos retratos de la amistad femenina. Las protagonistas, interpretadas por Jacqueline Bisset y Candice Bergen, son escritoras, y su larga relación está tan cimentada en el cariño recíproco como en la rivalidad literaria que mantienen. Bergen se enfada porque una novela suya, celebrada por crítica y público, gana *ex aequo* un importante premio, y le reprocha a Bisset: «Cuando lo ganaste tú hace años, lo ganaste entero, para ti sola». A lo que ésta le responde: «Así fue, querida. Pero te recuerdo que tú y yo no hemos escrito el mismo libro». Así pues, hay que recordar a las escritoras que, aunque sean todas mujeres, nunca escriben el mismo libro. Como ocurre con los de los hombres, unos tienen suerte y otros no, unos son defectuosos y otros impecables, unos son aburridos y otros divertidos, unos tienen mala prosa solemne y otros buena, unos complacen los gustos masivos y otros no, unos son idiotas e insoportables y otros apasionantes y profundos.

Pero no descarto que una posible explicación a que sólo el 20 % de los varones se acerque a la literatura de mujeres sea esta: hace bastantes años que los medios de comunicación (sobre todo algunos), quizá en un loable intento de sacar al sexo femenino de su secular papel secundario, se han empeñado en que casi cada texto debido a ellas sea poco menos que una obra maestra. No son sólo los críticos, sino los periodistas culturales, que en sus reportajes y entrevistas deslizan elogios sin cuento, cuando eso, en principio, no les toca. Y, como es tan imposible que todo lo escrito por mujeres sea de primera fila como que lo sea todo lo escrito por varones, los lectores, tras probar un supuesto prodigio tras otro, engañados por la publicidad y por los frecuentísimos ditirambos recibidos por los textos de mujeres, estén saturados, anden escarmentados y hayan desarrollado una desconfianza —no un prejuicio— hacia la enésima elevación a los altares. Lo cual sería en verdad una pena. Esa desconfianza no existió hacia las novelas, cuentos y epístolas de Emily Brontë y su hermana Charlotte, Jane Austen, George Eliot, Emilia Pardo Bazán, Mrs Gaskell, Isak Dinesen, Madame de Sévigné, Madame de La Fayette, Flannery O'Connor, Edith Wharton o Janet Lewis; ni hacia los ensayos de Rebecca West, Hannah Arendt, Vernon Lee, Rachel Carson o Barbara Tuchman, porque en sus diferentes épocas no había un ensalzamiento maternalista, sexista y continuo de cuanto alumbraban las mujeres. (Ya sé que algunos de estos nombres se ocultaron al principio bajo pseudónimos masculinos, pero hace ya siglos que se conocen sus identidades y no por eso han perdido vigencia ni decaído.) La pena estriba en que, por esta desconfianza propiciada y alentada por las actuales exageraciones que manchan el noble nombre del feminismo, tal vez mucho de lo que hoy escriben de valor las mujeres esté pasando inadvertido; la culpa sería del elogio voluntarioso e indiscriminado. No quiero ni pensar que nos estemos perdiendo a las Rosa Chacel y María Zambrano contemporáneas, a las Josephine Tey, Colette y Virginia Woolf nacionales, por el hastío que Irene Montero y sus innumerables secuaces mediáticos (tan perjudiciales para las mujeres) han creado en los lectores masculinos y pronto —me temo— en los femeninos. ¿Y quién leerá entonces a las escritoras, salvo las obsesionadas con su sexo?

21-XI-21

No tengo la blanca

Quiero suponer que son cosas que nos ocurren a todos, pero ignoro si los demás tienen la sensación de que son los únicos a los que les ocurren, como yo. Por fortuna son nimiedades, y cabe que nos limitemos a registrar mentalmente —o a notar— los contratiempos o contrariedades, por llamarlos de manera aproximativa. Empezaré a relatar mi locura por lo doméstico:

Cada vez que algo de escaso tamaño se me cae —un mechero, una pluma, una pastilla, un cigarrillo, una oliva, un anacardo—, jamás permanece en su sitio, es decir, en el que ha caído, sino que rueda o rebota o se desliza y esconde en los lugares más recónditos o lejanos. En ocasiones ni siquiera oigo su ruido contra el suelo, así que no sé ni por dónde buscarlo. Cada objeto acaba en rincones inverosímiles, y encontrarlos me lleva un buen rato, me obliga a arrastrarme o a meter un largo y curvado abrecartas de marfil (antiguo, ya sé que hoy están prohibidos) por debajo de las mesas bajas y del sofá. A menudo no encuentro lo perdido, o bien doy con ello al cabo de días y por azar: hace poco se me cayó una píldora roja y minúscula a la que le tocaba hacer ruido al caer. Nada oí, y sólo fue fechas más tarde, al meter la mano en el bolsillo del albornoz, cuando la descubrí. Me resultó incomprensible que, de todos los lugares posibles de la cocina, se hubiera introducido en ese espacio con estrechísima abertura. Conozco la inercia y desconozco otras leyes físicas, pero no me explico que nada, nunca, caiga donde debería caer. Tiendo a pensar que hay una conspiración de los objetos contra mí.

Lo mismo me sucede en la calle. Si doblo una esquina, en el momento de hacerlo viene alguien que la dobla en sentido contrario, cuando, antes y después de hacerlo yo, veo el campo totalmente libre y despejado. Si paseara por zonas con mucho gentío sería normal el encontronazo. Pero procuro hacerlo por barrios y zonas poco transitados, y sin embargo siempre hay un transeúnte con el que coincido en tiempo y esquina, como si él o yo poseyéramos un radar que nos aboca al tropiezo. Lo mismo si decido cruzar una angosta calle del Madrid de los Austrias, muy vacía: allí donde se me antoja hacerlo, se abre un portal del que sale alguien con muletas que cruza exactamente a la misma altura, y además, en ese instante, aparece por la mínima calzada uno de los escasísimos vehículos que por allí se aventuran, creando un triple conflicto menor. Lo de los portales me tiene negro (y que no se queje, por favor, nadie negro, porque esa antigua expresión en nada alude a las razas, sino al color): avanzo por una calle desierta, pero justo cuando paso delante de un portal, éste se abre —justo éste, no el anterior ni el posterior— y el inquilino que asoma me obliga a descender a la calzada, por la que entonces pasa de nuevo un solitario automóvil o patinete aberrante que me pitan indignados y cuyas conductoras me miran con prepotencia y desprecio: «Bah, un puto peatón».

Si busco un hueco entre coches y motos estacionados, justo en ese instante tiene la misma idea una madre con cochecito de gemelos, o un anciano con andador o tacatá, o una señora con tres perros y larguísimas correas flexibles para cada uno de ellos; en suma, gente que ocupa mucho espacio y a la que por fuerza se le debe ceder el paso.

Si voy a un sitio con prisa, indefectiblemente encuentro ante mí personas muy anchas —hay centenares ahora, más que gordas— que tapan la calle entera y me impiden avanzar; o bien un grupo de ochenta turistas que van a paso de procesión y se detienen cada dos por tres, no hay manera de adelantarlos porque no dejan resquicio alguno; o bien, sencillamente, uno de esos matrimonios que no sólo bracean aspaventosamente al andar, sino que son incapaces de hacerlo en línea recta: cuando uno va a aprovechar un hueco por su izquierda, oscilan hacia ese lado, y cuando pretende colarse por su derecha, hacia allá se tambalean cerrando el desfiladero a cal y canto. Les aseguro que así he recorrido 500 metros intentando inútiles *sorpassi*, por recurrir a la palabra italiana, hoy tan extendida en política.

Huelga añadir que, cuando me dispongo a entrar en una tienda, no importa de qué sea —de ropa, una farmacia, un estanco, una librería, unos ultramarinos—, alguien es un poco más rápido, penetra y se aposenta allí durante veinte minutos por lo menos. Como hay que aguardar a distancia, y muchos dueños han sacado tajada de la epidemia para reducir los dependientes al mínimo, ya sólo suele haber uno o una, que quedan monopolizados por quien se me adelantó, y uno se asa o se pela de frío en la acera.

Díganme, por favor, que alguno de ustedes tiene sensaciones parecidas, o no me quedará más remedio que creer que tengo la negra. Y que en esta otra expresión, se lo ruego, tampoco se vea racismo —ni sexismo—, porque no los hay. Es también muy antigua y los hablantes españoles la emplean para referirse a la mala suerte. Fíjense en que, para aludir a la buena, nadie ha dicho ni escrito jamás «tengo la blanca».

28-XI-21

Cuento de diciembre

El señor Cotta era tan vanidoso, optimista y ufano que, sin apenas motivos, pasó la mayor parte de su vida en un estado próximo a la felicidad. Pertenecía al escaso grupo de personas capaces de engañarse permanentemente a sí mismas y de negar o anular, o reinterpretar a una luz favorable, toda realidad que las contraríe o ponga sus talentos en duda. Hoy ya no son tan escasas, el mundo se ha llenado de narcisistas compulsivos en todos los ámbitos, no sólo en los de relumbrón, también en los tradicionalmente modestos y tímidos.

Éstos los había rehuido el señor Cotta desde la temprana juventud. Él aspiraba a la grandeza, y quizá uno de sus mayores problemas fue no saber qué campo elegir. Con pausa, parsimonia, tesón, los fue eligiendo casi todos, siempre dentro del mundo artístico, porque lo atrajeron siempre los brillos diversos: por igual los del prestigio y el éxito, con preferencia por este orden. Según le fueran las cosas, sin embargo, no descartaba invertir el orden, y de hecho así lo hacía de acuerdo con sus expectativas y las esperables oscilaciones de una carrera larga, inagotable. Si creía haber terminado una obra que concitaría el respeto y la admiración unánimes de los entendidos, valoraba esto por encima de todo y despreciaba el aplauso popular, considerándolo algo vulgar y al alcance de muchos lerdos; si, por el contrario, daba a la imprenta o a las tablas una comedia que él suponía hilarante y con la que el público se volcaría, aseguraba con desparpajo que no había nada comparable a un baño de masas, o incluso de chusma, y que quienes lo criticaran por eso serían fracasados y resentidos. Se imaginaba a sí mismo saliendo a hombros como los toreros, con cuidado de no despeinarse con los vaivenes de los brutos, pues el pelo era para él fundamental.

Su volubilidad era notable, y así, estaba dispuesto a elevar a un pedestal lo que le tocara en suerte. Si alguien elogiaba uno de sus textos o *performances*, ese alguien pasaba a ser de inmediato un individuo inteligentísimo y un árbitro del buen gusto; si más adelante no se mostraba tan fervoroso con sus logros, entonces era que se había estragado y había entrado en una decadencia irremediable. Porque él sólo admitía el halago constante e incondicional. Por el contrario, si alguien le ponía reparos o lo desdeñaba, se convertía al instante en un zote que no entendía nada. Claro que, si el objetor rectificaba con el tiempo, encontraba digno de encomio que hubiera pulido su criterio, o se hubiera educado, o se hubiera afinado, y acababa teniéndolo por un grandísimo *connaisseur*.

Su desdicha objetiva era que nunca acertaba con ninguna tecla: ni sus libros dejaban boquiabiertos a los críticos más exigentes y severos ni los lectores acudían en tromba a disputárselos en los estantes de las librerías. Pero, como el fracaso no figuraba en su vocabulario, primero culpaba a su desidioso editor y a la envidia de los libreros y del distribuidor. Visitaba con frecuencia los locales de aquéllos, para comprobar que los ejemplares de sus obras estaban colocados en lugar prominente, y, si no era así, regañaba sin pudor a los propietarios y les pedía cuentas. Si alguno de ellos osaba contestarle que no había demanda de su volumen recién aparecido, se revolvía airado y le espetaba: «Qué sabrás tú. Yo no tengo la culpa de que vendas literatura como si fueran embutidos». Se ganó enemistades en el gremio, pero al cabo de no mucho tiempo se olvidaba de lo impertinente que había sido y sólo se explicaba la animadversión de tal o cual librero por los celos que a la fuerza ha de padecer quien se limita a ver pasar y vender una mercancía elevada de la que nunca es creador. Y, al cabo de unos pocos meses, se convencía de que lo que había constituido un tremendo fracaso había sido un escandaloso éxito, tanto de crítica como de ventas.

Estos pensamientos se le asentaban con admirable rapidez. Con ellos se levantaba cada día, convencido de ser un ser superior por una falsa razón u otra, y así casi todas las jornadas de su satisfecha existencia. Se aseaba con esmero y lentitud, más cuando sabía que lo esperaban un estreno de teatro o de cine o de ópera, la inauguración de una exposición de pintura o fotografía, la presentación de un libro, tanto daba. Nunca faltaba a nada, por exhibirse y para que quedara patente que ninguna manifestación artística le resultaba ajena. De todo era un entendido, hasta el punto de que sus amistades le tomaron el pelo más de una vez, hablándole con desenvoltura de algún recóndito genio sólo conocido de los iniciados. Se trataba de un genio inexistente, inventado, pero el señor Cotta (entonces no había Internet para comprobar) se apresuraba a presumir: «Sí, claro, Gordigorski, lo conozco desde la primera juventud». Corría después por las librerías de viejo para hacerse con obras de Gordigorski, y, al resistírsele, encargaba a sus amigas de Londres y París que se las buscaran allí a toda prisa, porque no soportaba no haberlo leído —o no haber visto sus cuadros o películas, lo mismo daba— y no poder pontificar sobre él a la siguiente ocasión, o, aún mejor, no poder escribir un erudito artículo en alguna revista de vanguardia, sobre Gordigorski.

5-XII-21

Inmortal idilio

El 20 de noviembre mi mujer, de nuevo separada de mí geográficamente, me envió un *sms*: «Hoy hace 46 años que murió Franco, el que algunos creíamos que sería eterno». Ah sí, nadie que no lo viviera puede hacerse idea de lo lento que transcurría el tiempo bajo la dictadura. Cada año con Franco al mando parecía una eternidad. Y sin embargo, al recibir ese *sms*, tuve la desagradable sensación de que efectivamente Franco es eterno, aunque haya transcurrido tantísimo desde su desaparición. El individuo ha conseguido perpetuarse de manera artificial e insospechada, para desdicha de quienes hubimos de padecer parte de su régimen infame. Quién lo iba a decir, dada la velocidad con que lo arrojamos a la bolsa de los desechos y olvidos. Recuerdo cómo, a los seis meses de su defunción, cuanto habíamos vivido bajo su fusta —en mi caso, veinticuatro años— pasó a ser remoto, prehistórico, una bruma que ahuyentan los vientos. La sociedad iba muy por delante y era mucho más moderna que el franquismo, al que hacía cerca de una década que se veía como algo momificado y sin demasiado poder sobre las vidas privadas. Desde 1968, la libertad sexual era absoluta, y las mujeres tenían bastante decisión sobre sus actos —dijeran lo que dijeran las leyes— y se dedicaban a lo que les parecía (al menos entre las abundantes clases liberales de las ciudades grandes, liberales en el mejor sentido). Así que fue como si Franco llevara mucho muerto antes de su defunción efectiva. Se lo convirtió en pasado lejano en seguida, a la manera de las pesadillas que se desvanecen con el avance del día, o de las experiencias gravosas que se despachan al instante, una vez terminadas.

El país se aprestó a embarcarse en una época alegre, eufórica a ratos, y a ser uno más entre los europeos, lo cual se logró con creces. La mayoría de los franquistas se disfrazaron de demócratas y al disfraz no le hicimos grandes ascos: peor habría sido que conservaran sus correajes, sus pistolas y sus borlas. Los que aún hicieron gala de ellos fueron pocos, y rápidamente se convirtieron en residuales. Apenas trajeron conflictos en sus tentativas de resucitar a Franco (salvo Tejero y compañía). ¿Por qué, entonces, muchos tenemos hoy esa sensación de que es eterno y de que sus partidarios han conseguido mantenerlo vigente? Ay, quién iba a imaginar que esa labor iban a llevarla a cabo partidos que se proclaman de izquierdas y acérrimos enemigos suyos. La prueba de que no son ni lo uno ni lo otro es que lo sacan a pasear y tomar aire sin pausa, sea física o «simbólicamente», y que nos impiden relegarlo al más despreciable olvido, lo único que merece. Toda esta entusiasta vivificación de Franco la empezó un grupo de torpes sobreexcitados llamado Podemos, y la ha continuado un PSOE podemizado e igual de neurótico y torpe. Si los llamo torpes es porque deben de creer que el alanceo de moros muertos les gana votos, cuando es evidente que les da sólo los que ya poseían, los de los fantasmas cuyas terribles vidas se detuvieron en 1939 o algo más tarde. Pero eso no es el grueso de la población actual, y PSOE, Podemos y demás —ERC, Compromís, etc.— deberían haberse ya percatado tras las aparatosas y costosísimas exhumación y reinhumación del dictador, al son de la obsesiva batuta de Carmen Calvo, es decir, de Pedro Sánchez. El televisado traslado de los restos, ¿llevó a la gente a protestar en masa? No. ¿La llevó a aplaudir en masa? Tampoco, porque a la gran mayoría nos trajo absolutamente sin cuidado. Me da igual dónde reposen los huesos de nadie, en una basílica o en un barranco, porque los huesos no son ese alguien, por mucho que en España se trastee con ellos indefinidamente, demostración de nuestro impenitente carácter católico-supersticioso: aquí aún se cree en las reliquias. Creen tanto los que ansían destruir las de Franco o Queipo de Llano o Yagüe como los que anhelan repatriar o descubrir, para venerarlas, las de Machado, Azaña, Lorca o Cervantes, pobres los cuatro.

Podemos y PSOE se niegan a que Franco muera del todo, no se sabe si porque lo necesitan para sus propagandas o porque carecen de imaginación y repiten el mismo espectáculo cada pocos meses. No contento con su larguísima duración, ahora un ministro socialista ignorante, Bolaños —esto es, Pedro Sánchez—, ha decidido ampliar arbitrariamente la dictadura hasta 1982, y algún otro memo propone alargarla aún más, hasta 2004. Se ve que ellos vivieron en democracia desde 1977, porque si no sabrían lo que dije al principio, que los años se hacían en verdad eternos entre 1939 y 1975, para quienes conocimos parte de ellos. Hoy desean extenderlos hasta hoy mismo, y que se juzgue a finados y prefinados tras derogar parcialmente la Ley de Amnistía que exigieron y benefició sobre todo a los partidos de izquierdas. Supongo que asimismo aspiran a que se juzgue póstuma y «simbólicamente» a Carrillo, a la Pasionaria, no digamos a los etarras que salieron libres y a tantos otros. No cabe la menor duda de que los actuales PSOE y Podemos —junto con Vox— mantienen un inmortal idilio con Franco. Sigan, sigan y ya verán. Porque quien no lo mantiene, a buen seguro, es la sociedad española: unos no saben ni quién fue y a otros les importa ya un bledo... desde 1976 más o menos.

12-XII-21

Cuando razonar resulta ofensivo

Hace ya dieciocho años que escribí un artículo en dos partes —«El oficio de oír llover» y «Locuacidades ensimismadas»—* sobre el abaratamiento y la progresiva insignificancia del hablar y el escuchar. Concluía entonces que casi nadie prestaba atención a lo dicho, y que tal vez por eso los periodistas, ante las vacuidades e imbecilidades soltadas por los políticos, no repusieran nada y no les reclamaran que contestaran con sentido, o que se percataran de sus contradicciones, o que no incurrieran en desfachatado cinismo. Señalaba que, con la aparición de los móviles, las gentes habían abandonado los ratos «a solas con sus pensamientos» (trayectos a pie, en autobús o en taxi, por ejemplo) y que habían convertido sus existencias en una desaforada locuacidad permanente. Hoy basta oír los fragmentos de conversación de los transeúntes o pasajeros para saber que a quien esté al otro lado del teléfono le importará todo un bledo, y se limitará a oír la verbosidad infinita como quien oye llover. La trivialidad de lo dicho y oído ha alcanzado tal extremo que en realidad son actividades destinadas a caer en el vacío. Decir y oír acaparan todo el tiempo, cierto, pero es como si no existieran. Al cabo de un rato casi nadie recuerda ni lo que ha vomitado por la boca ni lo que le han vomitado en el oído.

Pero dieciocho años son muchos, y ya se ha dado el siguiente y previsible paso. Ha llegado el momento en

* Recogidos en *El oficio de oír llover* (Alfaguara, 2005). *(N. del E.)*

que los argumentos y los razonamientos, por bien construidos que estén y sólidos que sean, se reciben con la misma indiferencia que lo que tan sólo es cháchara. Esto es, no se atiende a ellos, motivo por el cual han desaparecido las expresiones «entrar en razón» o «prestarse a razones», que venían a significar «darse cuenta de lo que es razonable». Esto es un pequeño drama para quienes, como dinosaurios aún no extinguidos, todavía intentamos explicar, razonar y argüir, y, mediante eso, convencer a alguien de algo. Esta ya vieja costumbre ha acompañado a los hombres y a las mujeres durante unos veinticinco siglos, por lo menos desde Sócrates en adelante. Es decir, ha sido el instrumento principal del que la humanidad se ha valido desde que tenemos verdadera memoria, y por tanto deberíamos alarmarnos ante la rápida abolición de su uso, más que nada porque para él no se ofrecen otros sustitutos que las volubles «emociones» y la sentimentalidad más ramplona. Estamos en un punto en el que da lo mismo que alguien *demuestre* algo —un delito, una teoría científica, una verdad filosófica, una mera discusión de sobremesa—: lo frecuente es que a los oyentes o lectores o interlocutores les resbale, o que aun lo nieguen; no con argumentos mejores y más persuasivos, ojalá, sino cerrándose en banda, haciendo oídos sordos, incluso cabreándose puerilmente con el razonador porque éste se sale del juego cerril de ellos. Razonar, a veces, resulta hoy ofensivo: «¿Me tomas por inferior o tonto? ¿Te crees que por tener razón yo voy a dártela? Ni lo sueñes» es una reacción común en nuestros días.

Y si uno se encuentra de pronto en un mundo en el que tener razón no importa, ¿qué nos queda? ¿Qué podemos hacer para intentar sacar a nadie de lo que vemos como error mayúsculo? ¿Qué nos cabe decirles a los votantes que apoyan a individuos criminaloides como Trump, Bolsonaro, Johnson, Maduro o Putin? Por mucho que nos afanemos, descubrimos que argumentar con consistencia no vale de nada o sólo de poco, y que el intercambio de pareceres ha sido desterrado por lo que en su día llamé «locuacidades ensimismadas», que son imposibles de interrumpir, imparables. Es como si buena parte de la población mundial se hubiera entregado a la fe ciega de las religiones o de las malignas y bobas sectas, cada individuo de la que elige. La fe, si mal no recuerdo, consistía en creer sin pruebas, y aún es más, en desdeñar y negar las que hubiera en contra. «La existencia de Dios no está demostrada, pero yo creo en Él firmemente, y nadie me convencerá de que estoy equivocado, porque la fe está por encima de las equivocaciones y las razones, de hecho no tiene nada que ver con ellas, pertenece a una esfera superior y por eso es una creencia ciega y sorda.» Esta actitud se impuso durante siglos, y costó gran esfuerzo que las luces, la ciencia, la medicina, sacaran a la humanidad de sus voluntarias ceguera y sordera, eso sí, alentadas por los sacerdotes que tan cómodamente vivían sin verse obligados a demostrar nunca nada. En lo poco recorrido del siglo XXI, el retroceso de la razón es de tal magnitud que, sin ella, uno ya no sabe a qué recurrir, sobre todo si no es un miserable dispuesto a pasarse al bando de los «emocionales» y sentimentales, o de los nuevos y supersticiosos creyentes en lo que sea: en que las vacunas matan, en que la Tierra es plana, en que Podemos y Vox son democráticos, en que Elvis y John John Kennedy están vivos, en que Cataluña está oprimida o en que Irene Montero es feminista. Ruego a los filósofos y a mis colegas novelistas que vayan imaginando, pensando; que vayan dándonos ideas para seguir combatiendo los disparates, las estupideces y las falacias con alguna otra arma dialéctica digna, antes de que nos extingamos.

19-XII-21

Una relación delicada

He tardado meses en leer un libro en francés de 450 páginas. El problema no era el francés, que leo desde muy joven, ni la extensión, ni que me aburriera. No era una novela, ni un ensayo, y la autora no había escrito una línea. Se trataba de los recuerdos orales, ordenados con gran talento por el periodista Georges Belmont en 1973, de alguien que no fue «importante»: la criada, ama de llaves, gobernanta o como quieran llamarla que estuvo al servicio de Marcel Proust durante sus últimos nueve o diez años y que pasó a ser su mayor confidente, su mejor amiga y sin duda quien más lo quería. Se llamaba Céleste Albaret, y si la lectura se me ha prolongado tanto ha sido porque me sentía tan a gusto en las casas que los dos habitaron, en su época y en su compañía, que no deseaba que *Monsieur Proust* se me terminara y perderlos de vista para siempre. Ahora sí, he cerrado el volumen, y veo que Rosa Montero escribió sobre él en *EPS* hace años, con motivo de su publicación en español, a cargo de la editorial Capitán Swing, si no me equivoco.

Céleste Albaret fue contratada por Proust cuando ella era una chica de campo muy lista que estaba a punto de casarse con el taxista que le hacía de chófer al escritor, Odilon. No explica mucho de su matrimonio, pero lo cierto es que acabó viviendo en casa de Proust, acomodada sin queja a sus horarios disparatados. Como es sabido, Proust vivía de noche y dormía —poco— por la mañana. O trabajaba infatigablemente en casa, o salía tarde a cenas, fiestas o *soirées*, o recibía una visita, también a las tantas. Después, solía llamar a Céleste para contarle con todo detalle cómo le había ido, cómo iban vestidas las damas, las tonterías que habían soltado ellas o los varones, quiénes lo habían adulado o desdeñado, así hasta que amanecía. Céleste no lo escuchaba harta ni bostezante, sino totalmente hechizada. Pese a los antojos del escritor, pese a sus desconsideraciones «inocentes», le profesaba una adoración absoluta porque siempre era amable, gracioso, educadísimo y sonriente. Tras la muerte de Proust en 1922, se mantuvo callada durante cincuenta años, y, cuando ya era una anciana de ochenta y dos, accedió a verse con Belmont para grabar setenta horas de conversaciones a lo largo de cinco meses. Se habían acumulado tantas falacias, inexactitudes, exageraciones, venenosidades y fábulas sobre el novelista, que quiso salir al paso de todas ellas. El resultado es admirable, por la precisión de sus recuerdos, su honradez y la falta de engreimiento de quien más cerca estuvo de Proust, tuvo la primera noticia de que *En busca del tiempo perdido* había encontrado la palabra «Fin», había sido la máxima depositaria de su confianza y su afecto y ayudó decisivamente a que existiera esa obra maestra.

Hay pocos testimonios de la curiosa y a veces profunda amistad que se establece entre empleador y empleada, o entre «señor y criada», y este es único desde luego. Proust era maniático, caprichoso, ordenado en sus hábitos. Pero le daban arranques de impaciencia, y era capaz de enviar a Céleste, a las dos de la madrugada, a entregar en mano una carta para un músico que lo había deslumbrado (obligando, de paso, a éste a salir de la cama en pijama), o a buscar alguna delicia gastronómica en los hoteles que no cerraban nunca. Esto último era infrecuente, dado que, de hecho, apenas se alimentaba. En toda una jornada tomaba un café con leche y un *croissant* o dos, para desesperación de Céleste, la cual, sin embargo, lo respetaba tanto que no se atrevía a darle la lata ni a contravenir sus deseos. A lo largo de *Monsieur*

Proust se asiste a la consolidación de la delicada amistad entre uno de los más grandes novelistas de la historia, asmático y de salud siempre frágil, y la muchacha ingenua que jamás dejó de serlo (ni ingenua ni del todo muchacha).

A través de las respetuosas palabras de ella uno ve esa relación cotidiana que resulta emocionante. Ella lo cuidó en su no larga agonía y lo consoló en su pena: «Mi pobre Céleste, ¿qué me pasa, si ya no me puedo bastar a mí mismo?». O cuando, cercano el final, creyó ver a una «mujer gorda y vestida de negro, horrible» en el dormitorio, y se puso a recoger los periódicos de encima de la cama, lo cual llevó a Céleste a recordar que en su pueblo los campesinos decían: «Los moribundos recogen, con los dedos»; y fue entonces cuando perdió la esperanza que había mantenido contra todo pronóstico y diagnóstico. Y, una vez fallecido su compañero de noches y días, el desinterés y la dignidad de Céleste quedaron de manifiesto: cuando ya se vaciaba la casa, al cabo de unos meses, el doctor Robert Proust, hermano, le preguntó si tenía idea de qué habría querido dejarle Marcel, porque eso él lo respetaría. «Nada, señor. Gracias. Y yo nada quiero.» Más tarde, dos amistades del finado, Mme Straus y el banquero Finaly, expresaron su voluntad de ayudarla y le preguntaron qué podían hacer por ella. «Nada», les contestó asimismo Céleste, y les dio infinitas gracias. Luego guardó silencio público durante cincuenta años y luego por fin habló largo y tendido, cuando ya era vieja, y memoriosa como suelen serlo las personas leales. Lo que contó está en este libro del que he evitado despedirme, hasta hacérmelo durar varios meses.

26-XII-21

Cuento de octubre

La desdicha de Catherine del Biombo fue ser tan guapa y exuberante como insegura. Si se atendía a lo primero, no se adivinaba razón alguna para lo segundo, pero con el tiempo he aprendido que casi todas las mujeres sufren de ese complejo: se tienen por menos de lo que son, aunque algunas no sólo se sobreponen, sino que se acaban convenciendo de su excepcionalidad y desdeñando y pisoteando a todo el mundo. Del Biombo careció de ese aplomo, pese a que a ella no le faltaron nunca encendidos halagos.

Era americana de Nueva Inglaterra —nacida en New Haven— y una belleza se la mirara como se la mirara. Pelo negro ondulado y ojos muy azules, piel bronceada, labios suficientemente carnosos, un busto llamativo y unas piernas no muy largas pero con pantorrillas y muslos fuertes y perfectamente proporcionados. Estos últimos los dejaba admirar con generosidad, viniera o no a cuento. Uno de sus profesores de Universidad de la Ivy League le soltó a su mujer el primer día de clase, con excesivo entusiasmo: «¿Sabes? Tengo a Sofia Loren en el aula». A Del Biombo le faltaban estatura y simpatía para asemejarse a aquella actriz italiana, pero aun así la turbación del profesor estaba justificada. Pagó caro por ella, porque desde entonces su mujer lo vigiló con suspicacia y, cuando él volvía tras su jornada, le escudriñaba con una lupa la ropa por si descubría algún cabello largo, lo olisqueaba en busca de perfumes desconocidos, le rebuscaba los bolsillos en pos de alguna nota amorosa o teléfono. La esposa se desvivió en balde durante todo el curso, porque la aspirante a Sofia Loren nunca habría hecho caso al Doctor Bergamasco, un individuo de mediana edad, sin atractivo alguno y soporífero.

Catherine del Biombo estudiaba Literatura Española, y además decidió escribir un estudio sobre un autor difícil, Benet, lo cual le ganó fama de cerebrito intelectualoide. Incomprendida en su Universidad, se apuntó a unos seminarios de verano en España, donde confiaba en ser mejor comprendida, y también para airearse con sangría; ignorante, sin embargo, de que aquí pocos sabían quién era Benet, menos lo leían y aún menos lo apreciaban. Con todo, se sintió cómoda, en parte porque accedió al círculo del novelista mítico y rápidamente se ennovió —es un decir— con uno de sus amigos jóvenes, un tipo listo y bien parecido al que traté durante aquella época. Brendán Godínez, que así se llamaba, no podía creerse su suerte —una chica *Playboy* que indagaba en la obra de Benet—, y desde el primer momento estuvo determinado a que aquella relación prosperara por encima de las dificultades: la más inmediata era que ella regresaría a su país en septiembre. Pero no contaba con su peculiar carácter, que velozmente se le fue revelando.

Catherine del Biombo era tan insegura que tenía la necesidad de coquetear con quien se le apareciera, tanto daba que fuera un amigo de Brendán como el dependiente de una papelería o un tabernero. En cuanto tenía delante a un varón, aunque fuera el varón más horroroso, precisaba sentirse deseada por él y constatar que lo era. Y si el varón era tímido, prudente o respetuoso —y la mayoría lo eran al verla en compañía masculina—, ella le sonreía en exceso y con picardía, le hacía preguntas superfluas —le daba carrete—, le mostraba intencionadamente los muslos y aun permitía que se le resbalara un tirante de su vestido, para que resultara más insinuante su escote. Vestía siempre de manera sexi, si no rayana en la procacidad, y a Brendán dejaba de prestarle toda atención en cuanto se enfrascaba en uno de aquellos devaneos. A Godínez, con aquel nombre del *Mío Cid*, todo esto le sentaba fatal, pero no quería pasar por un español celoso, así que se sumaba a las cháchara con buen talante, o, si se aburría, callaba. Como era de clase acomodada, lo ofendían especialmente los coqueteos con botones de hotel y camareros, los cuales, además, no sabían disimular su lujuria instantánea ni las ojeadas lascivas hacia las piernas desnudas y tersas y el prometedor canalillo. Así pues, Brendán Godínez padecía en silencio, pues tampoco quería parecer clasista.

Del Biombo estuvo dispuesta pronto a las relaciones sexuales con él (le aseguró haberse enamorado en el acto), pero con salvaguardas. En modo alguno iba a correr el riesgo de quedarse embarazada, así que le sugirió canales alternativos (corría 1982, cuando el uso del preservativo no estaba tan extendido como a partir del sida). Brendán aceptó de buen grado la boca, no tanto otras regiones a las que no estaba acostumbrado. De modo que en aquel verano de fútbol le dio tiempo a cansarse de la reiteración oral sin variaciones. Pero todavía lo agotaron más los flirteos de Catherine del Biombo, y la gota que a su pesar colmó el vaso fue cuando, paseando por el Retiro, ella se ofreció —o poco menos— a un barquillero renegrido por sus patillas y su barba de púas: aquellos sujetos ya entonces anticuados, que iban con una especie de bombona roja rematada por una ruleta absurda y tocados con un sombrero de ala australiana, es decir, plegada. Entonces Brendán Godínez estalló ante tanta humillación, para perplejidad de la joven Del Biombo.

2-I-22

Usurpador del Defensor

Desde hace años echo un vistazo a la sección Defensor o Defensora del Lector (y supongo que de la Lectora, duplicación absurda que de momento no ha aparecido: gracias). Me provoca curiosidad ver de qué se quejan quienes compran este diario, y a veces me quedo atónito, como el pasado 19 de diciembre. Bajo el título «Recalcitrantes reductos sexistas», Carlos Yárnoz atendía a los lamentos o invectivas de ocho corresponsales, todos varones, bien disgustados bien furiosos por «intolerables titulares» o frases detectados en *El País*. No tengo ninguna intención, claro está, de usurparle el cargo a Yárnoz, a quien profeso simpatía, y además yo no serviría, pues, a diferencia de la suya, mi paciencia es escasísima ante la tontuna. Pero me voy a poner en su lugar por un día, ya que la mayoría de las cartas de esos ocho lectores estaban inspiradas por una ignorancia continental si no oceánica; o por la falsedad; o por el exceso de celo en sus labores policiales. Quien va en busca de sospechosos los encuentra por doquier; los maniáticos del orden estudian sus mesas para comprobar si alguien les ha cambiado algo de sitio; los enemigos del «sexismo» lo verán hasta en el más ridículo detalle. Esto último fue lo sucedido el 19 de diciembre.

Varios de los lectores consideran «bochornoso» que se llame a figuras públicas femeninas por su nombre de pila («Yolanda», «Corinna», «Cayetana», etc.), lo cual «implica un subliminal mensaje de falsa cercanía o subordinación». La subordinación es discutible: a los oficinistas lo habitual era llamarlos por el apellido («Oiga,

Rendueles, tráigame ese informe»), y los aficionados a *Downton Abbey* habrán observado que en la Inglaterra más pija se hacía lo propio con todo el servicio, desde el mayordomo hasta la pinche. Así que dirigirse a alguien por el nombre de pila hace mucho que se convirtió (aunque falsamente a menudo) en una señal de respeto y de que el trato es de tú a tú. Es mendaz afirmar que sólo a las mujeres se les da el nombre de pila. Sin salirnos de hoy, he leído numerosas piezas en las que a García Egea, el segundo del PP, se lo tilda de «Teodoro», e incluso se habla de la «teodorocracia» imperante en su partido; y se ha hablado no poco de «Pedro» y «Pablo». El Presidente González fue «Felipe» hasta la saciedad. El Premio Nobel Jiménez fue siempre «Juan Ramón», como García Lorca fue y es «Federico» y Gómez de la Serna fue y es «Ramón». Curro Romero casi nunca fue «Romero», sino «Curro» las más de las veces.

Los motivos para que un nombre supla al apellido son variados, y nada tienen que ver con el «sexismo». Si un apellido es corriente, como Díaz o García, es lógico que se recurra a «Yolanda» o a «Teodoro». De otra forma no se sabría de quién se habla. Asimismo, cuando hay dos apellidos y uno es más común que otro, ya sabemos lo que pasa: ¿tendría que ofenderse Núñez Feijóo porque se lo llame «Feijóo»? ¿Tendría que ver feminismo irreverente en que se recurra a su línea materna? ¿Es inadmisible que nos refiramos a «Moratín» en vez de a Fernández de Moratín, a «Valle» en lugar de a Valle-Inclán? Respecto a los escritores antes mencionados, si fueran «Jiménez», «García» y «Gómez», ¿sabríamos de quiénes se trata? La costumbre se remonta a siglos atrás: ¿hay «sexismo» por decir «Miguel Ángel», «Rafael», «Leonardo», «Dante» o «Tiziano» en vez de Buonarroti, Sanzio, Da Vinci, Alighieri y Vecellio di Gregorio, respectivamente? En ocasiones, si los apellidos son largos o complicados, se echa mano del mismo expediente, y recordemos que cuando «Corinna» se hizo famosa, se apellidaba Zu Sayn-Wittgenstein; así que «Corinna» se la bautizó y con «Corinna» se quedó, eso es todo.

Alguna queja me resulta incomprensible. Será defecto mío, pero no entiendo por qué el titular «La ex-esposa de Jeff Bezos se casa con un profesor» es «impropio» y «una vergüenza». ¿Alguien conoce la identidad de esa ex-esposa? Casi nadie. ¿De qué otra manera, pues, se podría haber dado semejante noticia (bueno, lo mejor es que no se hubiera dado)? Para mí es como si se dijera «El ex-esposo de Meryl Streep se casa con una bióloga», única forma si se ignora quiénes son el ex-esposo y la bióloga. Otros quisquillosos se enfadan («De vergüenza») por el escaso espacio dedicado al deporte femenino, sin tener en cuenta que el masculino, al menos en fútbol, ciclismo, baloncesto y F-1, es seguido por muchísimas más personas. La queja resulta sangrante e irónica si se piensa que precisamente *El País*, con afán enternecedor rayano en la caricatura, llena páginas y páginas con méritos de mujeres. Otros polis han mirado la mancheta con lupa y se han indignado al comprobar que en ella figuran trece hombres y cinco mujeres. Estos cómputos sí que son «sexistas». Lo es estar contando el número de varones y mujeres en todo, como si no perteneciéramos a una única especie y no fuéramos todos iguales, y no resultaran indiferentes, por tanto, las cantidades de un sexo y otro. Esta manía que nunca termina sí que es «recalcitrante», además de nociva e idiota. Eso sí, a mi no «sexista» parecer.

9-I-22

Para no ver ni entender

El primer aviso fue hace ya años, cuando, para ver películas españolas en DVD o en la televisión, hube de poner subtítulos porque a menudo no entendía casi nada de lo que los actores decían, y el hecho de que a mi mujer le pasara lo mismo descartaba que se tratara de una mengua auditiva mía. Desde hace una década o dos, muchos intérpretes de nuestro país no articulan, tienen una dicción pésima, hablan hacia adentro y mascullan más de la cuenta. No todos, por favor (no se me soliviante de nuevo el gremio). Esto no sucedía hace cincuenta, cuarenta o aun treinta años: incluso a los actores mediocres —o con habla muy singular, como José Isbert— se les entendía sin problemas. Me he preguntado numerosas veces si los directores no se percatan de lo que ocurre o si es que les trae sin cuidado o que dirigen mal a sus actores y actrices. Por si acaso, ahora me impongo los incongruentes subtítulos siempre (soy de Chamberí), y también en las series nacionales.

El segundo aviso fue que empezó a pasarme lo mismo con bastantes cintas extranjeras. No es por presumir, pero llevo toda la vida en contacto con el inglés, del Reino Unido y de los Estados Unidos. He vivido en ambos países y jamás tuve dificultades en ninguno de ellos, fuera con un profesor de Oxford o con un taxista neoyorquino. Admito que en *westerns* con personajes que más que hablar parecen masticar tabaco, sigo a éstos a duras penas, así como a los marineros británicos. Por lo demás, suelo captar el 95 % en las obras de los cuarenta, cincuenta y sesenta, cuando todo el mundo se expresaba con claridad suficiente. Incluso cuando se puso de moda el estilo del Actors Studio, que básicamente consistía en que Paul Newman, Marlon Brando, Warren Beatty y otros se taparan la boca con los dedos, hicieran muchas pausas y soltaran sus diálogos como si los estuvieran fabricando con titubeos en el momento, incluso entonces los comprendía perfectamente. Ahora me cuesta tremendo esfuerzo con frecuencia. A veces el porqué es manifiesto: la música y los efectos especiales están a un volumen tan alto que no hay quien pille las palabras. Claro que en esta clase de cine las palabras son inexistentes o insignificantes. Se sabe que nadie dirá nada inteligente ni inquietante ni que nos saque del sopor fragoroso, así que a sus creadores no les preocupa el sonido verbal, que además estará ahogado por el ruido de las palomitas y de los sorbidos a los refrescos. No es cine para escuchar, sino para atracarse y aturdirse.

El tercer aviso fue aún más grave. A mi mujer, Carme, le encantan los *westerns*, como a mí, así que me arrastró a ver *Los hermanos Sisters*, y nos encontramos con que ver, lo que se dice ver, no veíamos casi nada. Al parecer su autor, el francés Jacques Audiard, había decidido ensombrecer la iluminación con el estúpido argumento de que en el Oeste no había electricidad y la oscuridad dominaba en cuanto el sol se ponía. Cierto es, pero Audiard demostraba ignorar la diferencia entre realidad y ficción. Que los personajes vieran poco o nada no significa que el sufrido espectador deba pasar por su experiencia. Nos daban ganas de gritarle en la sala, como dos locos: «¡Esto es una película, Audiard! ¡No nos torture con sus majaderías! Podemos suponer o imaginar que los personajes viven en permanente tiniebla, no nos la inflija como si fuéramos tontos. ¡Queremos ver lo que pasa!». Me temo que quien inició esta costumbre fue Kubrick con su *Barry Lyndon*, que resultaba pesada, en parte, porque uno acababa harto de la luz de las velas dieciochescas. Después del espanto *Sisters*, me he encontrado con más películas o series en las que no se distingue casi nada. La última, *La sangre helada*: como la acción transcurre en un ballenero, los creadores decidieron que en su interior la luz era escasísima y obligaron a los espectadores a no ver ni torta, salvo en las escenas de nieve y hielo.

Ahora he leído que la incapacidad articulatoria de muchos intérpretes no siempre es casual o defecto de ellos. El afamado director Christopher Nolan se asegura de que sus diálogos sean a menudo indescifrables. De hecho tiene la ininteligibilidad de sus películas como «enseña» o marca de la casa. El actor Tom Hardy también la tiene a gala. Y como hoy no hay imbecilidad que no cuente con entusiastas seguidores, otros se apresuran a imitarlos. Estos cineastas pretenciosos, confundidos y perezosos me recuerdan a los bobos que, en los años setenta, hacían que la cámara y el montaje enloquecieran cuando un personaje enloquecía, o que se enturbiaran cuando se emborrachaba o drogaba. A esos daban ganas de gritarles: «¡Dadme a entender que el personaje sufre locura sin volveros vosotros locos! Eso es facilón y muy malo».

En fin, como estas modas prosperen (más), corremos el riesgo de ir al cine o pagar plataformas para no entender apenas y contemplar una pantalla en negro. Y la verdad, uno no saca su entrada ni se abona a Movistar o a Netflix para aguzar penosamente la vista y el oído (y en la primera, encima, los subtítulos desaparecen). Acabaremos desertando de todo y quedándonos con la realidad del siglo XXI, en la que se oye mejor a las personas, y hay más luz y nitidez que en los siglos XIX o XIV.

16-I-22

Cuento de noviembre 1 (El profesor Pírfano)

En su adolescencia, el profesor Pírfano de Lerma tuvo poca suerte con las chicas. Hasta el punto de que una de ellas, cuando él la invitó a ir al cine, le contestó con la crueldad frecuente en las edades muy juveniles: «Mira, Pírfano, tú, me das arcadas», y a continuación se introdujo el índice en la boca en ademán de provocarse el vómito que ya la rondaba. No era propiamente horroroso, Pírfano de Lerma; pero no gustaba. Tenía una nariz corta en una cara muy larga, unos dientes saledizos que le llegaban hasta la otra acera y unas gafas de pasta negra de las que infundían miedo, seguramente por eso las lucen hoy tantas mujeres que presumen de bravas.

No cambió su suerte en la Universidad, pese a dejarse crecer unas melenas lacias que se echaba hacia atrás para que no le taparan las orejas: su madre lo había convencido de la belleza de sus orejas —quizá no tenía más a lo que agarrarse—, él lo había creído a pie juntillas y estaba muy orgulloso de estos apéndices. Fue un excelente estudiante, sacaba matrículas de honor y no era nada tonto, incluso poseía elocuencia. Algunas compañeras se quedaban hipnotizadas mientras él intervenía, pero el ensalmo duraba poco y en seguida volvían a verlo atusándose las guedejas, con su nariz chata y sus dientes como proyectiles. A él no le faltaba osadía para hacer propuestas a las más agraciadas, y como la crueldad amaina con los años, se encontraba con respuestas como esta: «No sé yo, mejor que salgas tú solo, con tu dentadura ya vas acompañado». La piedad llega con mucho retraso, o se aprende lentamente.

Pírfano de Lerma no tuvo más remedio que concentrarse en los estudios, y, como memorizaba de fábula, se le daban bien las lenguas y en verdad era brillante, no le costó ganar unas oposiciones a profesor numerario. La asignatura que enseñó inicialmente carecía de aura: Teoría de la Traducción, en la Facultad de Letras de la Complutense. Sus alumnos eran ya licenciados en Filologías: española, inglesa, alemana, francesa, italiana, bastantes eran mayores que él. Al menos mostraban interés, a veces eran cien en el aula. Y fue entonces cuando Pírfano descubrió con agrado lo que un novelista español ha llamado «el efecto tarima». En cuanto un hombre o una mujer se suben a una, y tienen la voz cantante durante prolongado rato —las clases duraban casi una hora—, los estudiantes del sexo contrario (o del mismo) dejan de advertir sus defectos físicos y sufren un falso enamoramiento vehemente hacia esa persona que habla y se eleva sobre las demás cabezas. Huelga decir que también los directores de orquesta y los solistas se aprovechan de ese efecto, aunque de ellos no broten vocablos sino melodías.

El profesor Pírfano de Lerma insistía en que se lo llamara así, ya que su apellido era compuesto y su primera parte se prestaba a bromas: desde la infancia se lo habían convertido en «Pífano», en «Tímpano» y hasta en «Pifia», a mala idea. De pronto se encontró con que algunas alumnas procuraban dirigirse a él por el apellido completo, remoloneaban con preguntas absurdas al final de la clase, le ponían ojitos y vestían ropa ceñida y ligera en pleno invierno. Un día, absorto en desplegar su labia, descubrió, al tomar asiento un instante, que dos de ellas, Olga Juez y Conchín Bailly-Baillière —chicas finas—, se habían presentado en clase con faldas escuetas y sin bragas. Y no sólo eso, sino que a lo largo de toda la lección abrían y cerraban las piernas sincronizadamente: las cerraban alrededor de un minuto, las abrían de par en par quince segundos. Pírfano perdió el hilo y vaciló más de la cuenta, pero lo dio por bien empleado, y al final fue él quien se aproximó a ellas con pretextos idiotas. Se entretuvieron lo bastante para que se largaran no sólo los demás alumnos, sino la propia Conchín: quizá habían acordado turnarse, y que la primera pasara información experimentada a la segunda.

Así comenzó un periodo exitoso en el campo sexual para Pírfano. Él no lo atribuyó en absoluto al «efecto tarima», sino que creyó haber culminado con los años (tenía treinta y pocos por entonces) la maduración de su atractivo. Eso sí, prescindió de la temible montura de pasta negra y la sustituyó por una clara; visitó a un costoso odontólogo y éste logró reducirle un poco los incisivos y los caninos de largo alcance; se recortó levemente la melena para que le diera menos pereza lavarse el pelo y lucirlo más limpio, manteniendo las bellas orejas bien a la vista. A su corta nariz nada, ay, podía añadirle volumen. Pero tanto daba: por su cama acabaron pasando Olga y Conchín y la mitad de las alumnas atractivas, en Teoría de la Traducción unas cinco. Para él era un número monumental y se envalentonó: empezó a tirarles los tejos a jóvenes de otras asignaturas, cursos y departamentos cuando se las cruzaba por los pasillos, persuadido de ser un seductor irresistible. Eso les ocurre a muchos hombres: si les viene una buena racha en este terreno —lo mismo que les pasa a los jugadores viciosos—, creen que nunca se les terminará, y que por fuerza caerá rendida a sus pies cualquier fémina, aunque sea una diosa desconocida.

23-I-22

Tristeza sobre tristezas

Ahora que ha pasado algo de tiempo desde algunas muertes inesperadas —poco para sus deudos, pero para ellos siempre será poco el tiempo—, quizá no esté de más una reflexión al respecto. Nada grata, pues me lleva a la conclusión de que este país está envilecido más allá de lo aceptable, es decir, de lo acostumbrado. Probablemente estaré anticuado, pero la muerte creo que debería invitar al silencio, al menos mientras permanezca reciente. A los enemigos del finado les toca callarse y no escribir sobre él nada desagradable, aunque sólo sea por respeto a quienes lo lloran y porque el difunto ya no puede contestar ni defenderse. Y a los allegados les toca lamentarse y después hacer una pausa, si no desean convertir a su ser querido y perdido en un tótem, destino que nadie merece, o en un pretexto para librar batallas que a él le resultan indiferentes, porque ya habita otro sitio, el pasado.

No digo que el pasado no deba perturbarse, y los humanos lo hacemos constantemente. Pero hay que dejar que el presente que contuvo al vivo se aleje, para que en verdad sea pasado. Lo más triste tras las muertes de Verónica Forqué y Almudena Grandes (a la primera no la conocí, a la segunda apenas, pero ambos fallecimientos los deploro) es que, sin solución de continuidad, han pasado a formar parte del espectáculo que domina nuestra vida pública. A ello han contribuido los políticos y la prensa. En el caso de Forqué, porque murió por su propia mano, tras ser —tengo entendido— maltratada por un programa de televisión y vilipendiada en las redes sociales, siempre inclementes con los vulnerables. En el de Grandes, por su inconmovible militancia partidista. De casi ningún político español actual cabe esperar educación ni elegancia, y quienes las aguardaran del alcalde Almeida eran unos verdaderos ilusos. A ese hombre más le valdría no abrir nunca la boca. No entiendo, sin embargo, la escandalera producida por sus superfluas y desabridas palabras; en primer lugar, por lo ya dicho; en segundo, porque, si Grandes lanzó incontables venablos contra el PP, nadie en su sano juicio podría confiar en que los representantes de este partido le dedicaran una calle o la nombraran hija predilecta de buen grado (es como si mis allegados confiaran en que a mí iban a honrarme póstumamente el PP, el actual PSOE, Vox o Podemos, a los que he criticado con aspereza en numerosos artículos); y en tercero, porque no veo qué pueden importarle, a nadie medio serio, chorradas de semejante calibre. ¿Qué más dan las pompas de cualquier Ayuntamiento analfabeto y ridículo? ¿Acaso ennoblecen al muerto? Desde mi punto de vista, son más bien un escarnio, y les aseguro que no querría que mi nombre fuera nunca una calle («Vivo en JM 16», qué espanto) ni un premio literario («He ganado el JM», qué oprobio) ni un instituto («Estudio en el JM», qué deprimente). Hacer de eso un conflicto equivale a atribuirle importancia, cuando sólo habría que restársela.

También veo como pequeños escarnios —lo siento— los ditirambos póstumos. En esta sociedad narcisista, es como si se hubiera dado inicio a una competición para demostrar quién quería más a las difuntas y quién la suelta más aparatosa. Toda exageración tardía es a la postre una ofensa. Cuando Forqué aún vivía —y al parecer muy angustiada—, no leí que nadie la ensalzara como una de las mejores actrices nacionales y una de las más queridas. Grandes, desde su muerte, es una maestra de las letras, una figura universal y una escritora fundamental del siglo. Puede ser, he de confesar que la leí muy poco. Pero no recuerdo que hasta anteayer, cuando ella estaba en el mundo, casi nadie le brindara elogios tan superlativos, que seguramente la habrían alegrado y animado. Tan irrespetuosos han sido sus detractores como sus partidarios (bueno, mucho más los primeros). Lo que no han hecho unos ni otros ha sido dejarla en paz, ni abstenerse de blandirla como arma arrojadiza.

No sólo las muertes han pasado a ser un espectáculo más de nuestra vida degradada. Luego viene lo más jugoso, por desgracia: la búsqueda de culpables para hacer durar más la función. En el caso de Forqué —un desgarrador suicidio—, la culpa se repartía entre los responsables del humillante programa (seguramente no más que otros) y los desalmados de las redes. Y como en el de Grandes no había más verdugo que la enfermedad, han venido de perlas las declaraciones de zarrapastrosos mentales como el alcalde de Madrid, los políticos de Vox y sus columnistas y tertulianos esbirros. Así se conseguían villanos, que la habrían menospreciado cuando aún estaba de cuerpo presente (miren el *Diccionario*, porque esta expresión va perdiendo su significado). No sé. Creo que si estas mujeres hubieran sido enemigas personales mías, no habría pronunciado una palabra; y si hubieran sido amigas mías, habría escrito mi entristecido obituario y luego habría sido discreto, pasase lo que pasara. Todavía no alcanzo a aceptar que ninguna muerte se trate como un número más de la farsa en la que andamos inmersos. Claro que ya lo he dicho: estaré muy anticuado.

30-I-22

Cuento de diciembre 2 (El señor Cotta)

El señor Cotta tenía un abundante pelo rojizo rematado por unas patillas rectas que casi convertían su cabeza en la de un mariscal napoleónico. Por desgracia, en lugar de vestir casacas de cuello alzado, seguía las modas más tontas y efímeras, desde monos de color caqui hasta pantalones ajustados de cuero negro. Y jubilaba tan rápidamente su vestuario que lo único invariable en él era la pelambrera cobriza, de la que se sentía muy orgulloso. De vez en cuando sacaba un peine de un bolsillo, buscaba un espejo y se domesticaba su onda rebelde. Pese a su falta de éxito, su convencimiento de que los cosechaba sin pausa lo llevó a comportarse como un divo, o como él gustaba de decir, como un «primer espada» o miembro del «cogollito». En los bolos a que era invitado, por ejemplo, exigía pasaje de primera, una *suite* en el hotel y todos los gastos pagados, para el abono de los cuales recolectaba facturas hasta cuando se compraba una corbata o una pluma en la ciudad visitada. Lo asombroso era que esta actitud le daba resultado: sus anfitriones, al oírlo reclamar con tanta imperiosidad y tanto aplomo, se cohibían y cedían a sus caprichos, aunque en el fondo supieran que su importancia real no casaba con la de sus pretensiones. Era como esas mujeres feas que, por abolengo o por carácter, atraviesan la vida como si fueran beldades y acaban persuadiendo de que lo son a no pocos galanes.

Había un elemento, no obstante, que socavaba el mundo ilusorio del señor Cotta, y este era el dinero. Por mucho que gorroneara aquí y allá, sus ganancias escaseaban, sobre todo para el tren de lujo que le imponía «*la crème*» literaria con la que aspiraba a codearse. En un corto espacio de tiempo murieron su padre —lo cual celebró secretamente, pues ante los demás se mostró compungido— y su madre —lo cual lo entristeció de veras, pero ante los demás se fingió estoico y entero—. Le dejaron una apreciable herencia, consistente sobre todo en varios pisos en una ciudad sin renombre pero adinerada, de la que él era originario. Los vendió a toda prisa, y con la fortuna resultante montó una pequeña y exquisita editorial. Como era hombre estudioso y puesto al día —ya había escrito su fantasioso ensayo sobre Gordigorski, pese a que éste jamás había existido—, acertó con dos o tres títulos que se vendieron excelentemente, lo cual hizo que su sello adquiriera prestigio y que numerosos autores cayeran en la superstición de creer que publicar en Enigma les abriría las puertas de la alabanza crítica y de la pasión lectora. Y así ocurrió, durante una época: los originales se apilaban en las oficinas de Enigma y el señor Cotta tenía donde elegir, no sólo entre noveles sino entre consagrados. Varios de estos últimos contribuyeron a incrementarle el prestigio y el negocio, y algunos de los primeros fueron saludados como «gigantes en ciernes de nuestras letras», los críticos dispuestos con frecuencia a hacer descubrimientos extraordinarios y —si la gigantez se confirma— a atribuírselos eternamente.

Al señor Cotta lo complació sobremanera el poder así adquirido: ahora que la mitad de los escritores del país le rogaban que los publicara, tuvo ocasión de vengarse de unos cuantos que en su momento le habían hecho feos, o no lo habían invitado a algo, o le habían arrebatado una conquista. Pero Cotta no quería triunfar como editor de otros, sino como autor, lo que siempre había soñado. Y al ser hombre infatigable y de ambición desmedida, pudo compaginar su labor editorial con la escritura, y logró arrancar de su ordenador lo que él mismo juzgó un texto magistral que además devoraría el público. Fiado en la suerte que su editorial traía, cometió la inelegancia de publicarse a sí mismo en ella, por ver si el aura de su marca se le contagiaba. Pero no fue así: su texto magistral obtuvo reseñas tibias, y el almacén de Enigma rebosaba con las devoluciones tristes de las librerías.

Esa inesperada amargura (ahora le costaba engañarse, porque en su poder obraban cifras y por tanto comparaciones) lo condujo al mayor absurdo en que puede incurrir un editor: empezó a envidiar y a detestar a sus autores de más éxito, y, lo que es peor, a boicotear sus libros. Si de un título se sucedían las reediciones, mentía al escritor, le comunicaba que sus ventas iban mal en contra de las apariencias, y se embolsaba las ganancias que le habrían correspondido. Pero esto no le bastaba: si las impresiones se acumulaban —aunque fueran «clandestinas», sin conocimiento ni provecho del creador—, la verdad lo molestaba indeciblemente. Así que, en un acto suicida, optó por interrumpirlas. Los libreros le pedían ejemplares, y él no se los servía, confiado en que todo es pasajero y en que los lectores se hartarían de preguntar por un título inencontrable y en que, antes o después, la demanda cesaría. Con ello se perjudicaba, pues dejaba de ingresar elevadas sumas de dinero, pero se sentía compensado por el chasco del autor, que vería languidecer sus ventas y al que paulatinamente sumiría en la pobreza. Se lo tenía merecido, por robarle el protagonismo y por arrogante. El señor Cotta no soportaba el éxito ajeno, y menos en su propia casa.

6-II-22

Gento a distancia

Con la muerte de Gento quedan cada vez menos jugadores madridistas vivos de mi primera colección de cromos, conocida como «los cabezudos», de 1958-1959. Perdí el álbum o se lo quedó mi hermano Fernando, pero mi amigo Antonio Iriarte me consiguió un ejemplar en buen estado hace unos años, así que aquí tengo la alineación, que por otra parte me sé de memoria: Alonso; Atienza, Santamaría, Lesmes; Santisteban, Zárraga; Kopa, Rial, Di Stéfano, Puskas y Gento.

Nadie podía competir con Di Stéfano, «La Saeta Rubia» como se lo llamaba entonces (hasta hubo una película con ese título). Para los europeos —que poco veíamos a Pelé— era el mejor jugador del mundo, y para muchos *merengues* lo sigue siendo, porque era más completo y constante que Cruyff, infinitamente más inteligente que Maradona y mejor director de orquesta que Messi. Pero reconozco que a uno no es fácil cambiarle las convicciones y mitificaciones de la infancia. En segundo lugar, sin embargo, venía Gento. Era más de fiar que Puskas, que llegó al Madrid ya añoso y gordo, lo cual no le impedía deshacerse de dos o tres rivales con un quiebro imposible de su ancha cintura, y a continuación lanzar un tiro tan potente y colocado que a menudo entraba por la escuadra. Con Gento se podía contar para que desatascara un partido y sembrara el pánico entre los contrarios. Su rapidez era tan extraordinaria que, como se ha contado estos días tras su muerte, hubo de aprender a frenarse para dar tiempo a que sus compañeros se incorporaran a las posiciones de ataque. Y bien que lo aprendió: su frenada en seco era diabólica; dejaba a los defensas corriendo, y cuando intentaban retroceder, Gento aceleraba de nuevo y los perdía de vista definitivamente. Y si a alguno le quedaba resuello para perseguirlo de nuevo, volvía a frenar en el momento más maquiavélico. Galopando por la banda izquierda, con su 11 invariable en la camiseta, se sabía que nadie lo alcanzaría. Pero es que también era dueño de una gran técnica: centraba de maravilla, bajaba con el empeine balones lanzados desde muy lejos, regateaba, recurría a taconazos eficaces y disparaba con una fuerza y colocación sólo inferiores a las de Puskas. Era imposible detenerlo.

Como yo era zurdo y veloz en los 100 metros, lo imitaba cuanto podía en los partidos de infantiles. En ellos vestía el 11, porque fue mi segundo ídolo, o al que había una infinitésima posibilidad de asemejarse (a Di Stéfano nunca nadie). Para mayor apego a su figura, Gento fue durante años casi de mi familia. (Esto lo he contado en algún sitio, pero no fue aquí y hace largo tiempo.)* Mis hermanos y yo tuvimos una tata llamada Leo (de Leonides), tan cariñosa y simpática como infantil era su carácter risueño, así que se sentía en su salsa con los niños, tan crédulos como ella. Gento, antes de casarse, era famoso por sus salidas nocturnas y su pasión por las *vedettes*. Leo nos contó que todo eso eran habladurías y que ella era su novia. Y, con su enorme inventiva (con frecuencia le pedíamos que nos contara «alguna del Gordo y el Flaco», y ella, sin vacilar, nos relataba aventuras apócrifas e improvisadas de Laurel y Hardy), nos informaba fantasiosamente de las vicisitudes del Madrid y por supuesto de Gento. «¿Cómo ve él el próximo partido contra el Barça?», le preguntábamos. «Pues

---

* La anécdota se explica en el artículo «Un corazón sencillo»; recogido en *Seré amado cuando falte* (Alfaguara, 1999) y en *Aquella mitad de mi tiempo* (Debolsillo, 2011). *(N. del E.)*

le preocupa el portero, que es muy bueno.» «Ramallets, claro», decíamos. Ella no conocía el nombre, pero se apuntaba el tanto con reflejos: «Ese mismo, Ramsés». O bien le inquiríamos: «Di Stéfano está lesionado. ¿Qué dice Gento? ¿Se recuperará para la Copa de Europa?». Y ella salía airosa del paso: «Sí, le pisaron un juanete y le duele, pero dice Gento que a Di Stéfano hay que matarlo para que se pierda un partido». Así que creíamos contar con información privilegiada, que transmitíamos en el colegio, y a Leo le dábamos mil recados para su «novio». Si alguna vez le hubieran llegado, se habría sentido apabullado. Nosotros estábamos seguros de que sí, por la vía más directa y segura.

He leído estas semanas que Gento nunca alardeaba de sus seis Copas de Europa (el futbolista que más ha ganado) ni de sus títulos y triunfos. Que cuando iba a Chamartín, jamás se sentaba en el palco, sino entre la multitud, con gorra y gafas oscuras para pasar inadvertido. Al parecer llevó una vida familiar y discreta tras su retirada, y decía: «A veces, cuando me despierto, me creo que estoy jugando en el campo ante 100.000 espectadores. Vivo de mis recuerdos». No me extraña, ese es el sino triste y alegre de todos los futbolistas. Su muerte me ha traído a la memoria sus cabalgadas y las mías modestas por la banda, los cromos de «los cabezudos» y a la Leo, que nunca se casó con nadie pero fue novia de Gento para nosotros. Y también al afectuoso Juan García Hortelano, que era *colchonero* acérrimo y sin embargo aseguraba: «Para saber si alguien entiende o no de fútbol, le pregunto quién ha sido el mejor extremo izquierdo de la historia. Si me contesta que Collar, o Czibor, o Corso, o Best, o Gaínza, sé que es un forofo o un pedante y que no entiende. El mejor de siempre, mal que me pese, fue Gento. Y a distancia».

13-II-22

Cuento de octubre 2 (Catherine del Biombo)

La hermosa Del Biombo reaccionó como los individuos con mucha jeta ante las personas educadas, es decir, trasladando la falta al otro y ofendiéndose: «¿Esa idea tienes de mí? ¿Por quién me tomas? Sólo intento ser amable y simpática con todo el mundo». Es una táctica que suele funcionar bastante, pero Brendán Godínez no se dejó engañar a la primera. Insistió, y cometió el error de preguntarle si la exhibición de muslos formaba parte de la simpatía. «Yo no me visto así para nadie, ni siquiera para ti. ¿En qué siglo vivís los españoles? Sois imposibles. Además, veo a muchas chicas que van como yo o más destapadas.» Era cierto, y para Godínez resultó insoportable verse tildado de antiguo, siempre se había considerado un adelantado. No le quedó sino disculparse. «Perdona, pero hay españoles que no entienden la simpatía en una mujer guapa. La toman por otra cosa, y a mí me crea inseguridad la interpretación que hacen. Eso, y nuestras limitaciones, me llevan a pensar que no me quieres, que soy un entretenimiento veraniego.»

Catherine del Biombo era ducha en estas lides y supo a qué se refería. También supo que Brendán no andaba errado y que ella, en esta ocasión, se había salido con la suya pero no debía abusar. «Qué dices, estoy loca por ti, y, para demostrártelo, pondremos fin a las limitaciones. Pero antes debo confesarte algo que nadie más sabe, y así entenderás por qué no me puedo quedar embarazada.» Le contó que tres años atrás, en su país, había concebido, y que, con infinitas dudas, pues era muy católica, había abortado bajo las presiones del engendrador. Cuando fue a confesarse de su gran pecado, se encontró con que el cura se negó a darle la absolución y le prohibió volver a comulgar, ya que estaba excomulgada indefinidamente. Ella era tan creyente que había seguido haciéndolo en otras parroquias de la zona, furtivamente y agregándose cada vez otro pecado. Brendán la escuchó atónito, y si al conocerla había bendecido su suerte, ahora la maldijo: «¿Cómo puede ser que, entre los millones de estadounidenses, me haya tocado una beata, y de la misma religión que ha asolado estas tierras durante siglos?», se dijo. Comprendió que Del Biombo no era compatible con él, y le buscó defectos. Pensó que sus pechos espléndidos eran un poco demasiado grandes, y que con la edad correrían el riesgo de convertirse en temibles balones de baloncesto. La observó al comer: no llegaba a aquella vulgaridad del marido de Madame Bovary, que rastreaba con la lengua los trocitos de comida que se le habían quedado entre los dientes, pero vio que de vez en cuando se daba, con el interior de los labios, una especie de beso en los incisivos, lo cual le pareció de mal gusto. Desde el principio se había dado cuenta de que no vestía con mucho acierto, pero también se dijo que, salvo la evolución futura anatómica, el resto era corregible. Él le regalaría ropa adecuada, en cuanto averiguara su talla.

La verdad es que lo dominaba el deseo, así que se compró preservativos, y, una vez a solas con ella en la cama, los levantó en alto y se los mostró como si fueran una ristra de ajos para ahuyentar al vampiro. Aun así, Del Biombo le hizo jurar que «se saldría a tiempo», para asegurarse. Y como los hombres son capaces de jurar cualquier cosa en esas circunstancias, consintió de buen grado. Y cumplió, cumplió a rajatabla. Con tantas cautelas, prolegómenos y promesas arrancadas, el ansiado coito no le pareció para tanto. También lo importunó la contradicción de que Catherine se prestara a estas prácticas, siendo tan virtuosa. A los pocos días ella se marchó a un cursillo en Santander, de tres semanas. Hablaron por teléfono a diario, salvo cuando la joven estaba ilocalizable, la mayoría de las noches. Al cabo de tres o cuatro días sin comunicarse, Del Biombo le dijo estar preocupadísima porque no le había venido la regla, que en su caso la visitaba puntual como un reloj de estación. «El cambio de país y de régimen alimenticio influye en estas irregularidades», la tranquilizó él y se tranquilizó él mismo. «Y además, tomamos todas las precauciones.» «*Well, you never know*», le respondió ella. Hablaban indistintamente en español y en inglés, lengua en la que Brendán, hijo de diplomático y diplomático incipiente, era versado.

Pero él se angustió, y en esas fechas le salieron sus primeras canas en las sienes (contaba treinta años). Aguardó nervioso a la conclusión de aquel cursillo. Durante el resto de la estancia Catherine no lo llamó ni él dio con ella, y cuando a su regreso le pudo preguntar al respecto, Del Biombo le contestó que en Santander se hacía vida de grupo, profesores y alumnos; iban a tomar una copa tras la cena y a bailar; no iba a convertirse en la aguafiestas. «Este país tuyo sí que sabe divertirse», remató con desenfado. Entonces Brendán se interesó por el retraso. «Ahí seguimos», fue la inquietante respuesta de ella. Y añadió con gravedad repentina: «Habría que ir pensando qué hacer, por si acaso». «Ah, ¿y qué se te ocurre, por si acaso?» Del Biombo se besuqueó los dientes. «¿Tú te casarías conmigo?» A Brendán ni se le había pasado por la cabeza, y de pronto se sintió más agobiado que atraído. Y pensó: «Uyuyuy. Qué Benet ni qué niño muerto».

20-II-22

Aquí no cabe ningún Marx

Los Hermanos Marx tuvieron suerte de no nacer en España y en esta época, porque, de haberlo hecho, sus aún desternillantes películas habrían pasado por obras realistas, o aún es más, costumbristas, y ni siquiera los diálogos de Groucho habrían arrancado carcajadas de nadie. La prueba es que hoy, aquí, casi nadie se ríe —ni se ruboriza de vergüenza— al ver cuáles son las preocupaciones de nuestros políticos y sindicatos, a los que tradicionalmente uno solía imaginar ocupadísimos con cuestiones de enjundia y vitales para los ciudadanos, sobre todo los trabajadores.

En fin, hace unas semanas no daba crédito a mis ojos al comprobar que la Vicepresidenta Díaz, la Ministra Montero menor, no sé si el Ministro Garzón y el dirigente de ERC Rufián (puede que me deje a alguno más) anunciaban con vehemencia a qué cantante iban a votar en el Festival de Benidorm, del que saldría el representante español para el de Eurovisión. Este último concurso se distinguió siempre por su mal gusto y sus patochadas, en las que se supera a cada edición. España, por otra parte, lleva medio siglo fracasando, por lo que es difícil ver la importancia de cuál sea el o la cantante enviados a hacer el lelo... y volver a fracasar. Entiendo que este asunto preocupe a los muy jóvenes y a quienes gozan de demasiado tiempo libre. Pero ¿al Gobierno y a la prensa «seria» (cierto que esta última ya no existe)? La cosa no paró ahí: una vez conocido el resultado de la selección, mucha gente se indignó, incluyendo a Yolanda Díaz, que es gallega, a Montero II y a Rufián I. Estaban furiosos por el triunfo de una joven llamada Chagall o Chanel n.º 5, en detrimento de unas chicas gallegas y de una tal Doña Rigoberta o así, que hablaba de tetas. Mi tiempo no me da para escuchar sus temas, y además semejante conflicto me trae sin cuidado. No he podido evitar, sin embargo, ver de fondo en los telediarios (?) sus imágenes sin sonido. Chanel parecía una copia frenética de 2.000 cantantes más; de las gallegas, me extrañaron unos bailarines con el torso descubierto y faldas como de derviches danzando a su alrededor; a Rigoberta Menchú la vi tocarse insistentemente una teta, luego su letra, en efecto, debía de hablar de ellas con fruición. La situación marxiana (que no marxista) se disparó cuando intervinieron los sindicatos, y Comisiones Obreras elevó una queja en regla al Congreso o a RTVE. ¿De verdad los obedientes sindicatos no tienen nada más que hacer?

A continuación Rafael Nadal obtuvo su dificilísima victoria en Australia. Teniendo en cuenta que su edad es avanzada para un tenista, y que seis meses atrás iba con muletas e ignoraba si volvería a jugar, fue algo de enorme mérito. Algunos políticos dejaron de mirar a Benidorm para lamentar su récord porque Nadal es del Real Madrid y porque sus millones apestan, a diferencia, supongo, de los de Messi, Cristiano, Neymar, LeBron James y Tiger Woods, o los de centenares de actores, cantantes, actrices y ya no hablemos de empresarios y banqueros.

En medio de todo esto, se desarrollaba la campaña para las elecciones autonómicas de Castilla y León, tierras más bien despobladas y faltas de servicios básicos. No obstante, y volviendo a Groucho, una de las preguntas fundamentales planteadas a los candidatos era la «problemática» del lobo, a saber, si estaban a favor de la reciente y tajante prohibición de cazarlos en todo el territorio… o qué. Como los lobos en manada masacran a ovejas y terneros y perjudican gravemente —arruinan— a los pastores y ganaderos, desde Vox a Podemos contestaron lo mismo, más o menos: «Hay que convivir con el lobo y hay que convivir con los ganaderos». Es obvio que se trataba de no enajenarse los votos de unos ni de otros... Pero ¡alto! ¿Votan los lobos? En breve lo harán los perros, a los que se dota ya de carnet, y a éstos los seguirán sus primos. Ahora bien, como de momento aún no votan, ¿a quién hay que contentar? Ah sí, a los cándidos franciscanos actuales, que protegen a lobos y osos hasta que alguno los devore.

Lo más curioso es que los apasionados de las chicas gallegas y sus derviches, y de Rigoberta con o sin Sostén, así como los fastidiados por el éxito de Nadal y los defensores de tigres y panteras (lástima que no los haya por aquí), son todos supuestos izquierdistas o republicanos independentistas (también se enfurecieron dos partidos gallegos, En Común y el BNG). Si Karl Marx levantara la cabeza lloraría, y no de emoción. Últimamente esta gente ha decidido que cuanto gusta e interesa a las masas es «popular», y así nos encontramos con que los ídolos del franquismo son hoy reivindicados y «buenos» porque al «pueblo» de entonces le chiflaban: Lola Flores, Esteso y Pajares, Raphael, Mariano Ozores, Martínez Soria, de todos ellos hay *revivals* y entusiastas discípulos o imitadores. Quién podía decirnos que aquello de lo que abominábamos los antifranquistas de 1970 iban a resucitarlo los falsos progres de 2022. Lo siento, pero ¿no es España el país con la izquierda más idiota de Europa? Que nuestra derecha también lo es, no hemos dejado de saberlo sin interrupción.

27-II-22

Tampoco caben Chaplin ni Keaton ni Gila ni Plauto

Con la columna de hace una semana, «Aquí no cabe ningún Marx», me quedé sin duda muy corto. Claro que la escribí cuando todavía no se había producido la cómica y sospechosa votación de la Reforma Laboral en el Congreso, que vale la pena rememorar: un partido navarro se había comprometido a aprobarla, pero en el último instante sus dos representantes apelaron a su turbio pensamiento navarro y desobedecieron a sus mandos navarros. Y, oh casualidad, a continuación, o un poco antes, un diputado del PP afirmó haberse equivocado cuatro veces y votó a favor, mientras sus demás compañeros lo hacían en contra. El PSOE afirmó sin pruebas que a los pensadores navarros los había sobornado el PP, y en cambio nadie ha sugerido la posibilidad de que el PSOE sobornara al torpe, cuando parece bastante lógico: ¿se puede ser tan torpe, en verdad, como el diputado llamado Casero? Ese voto erróneo o comprado fue determinante para que la mencionada Reforma resultara aprobada, con lo que la Ministra de Trabajo Díaz, en vez de fracasar estrepitosamente, obtuvo sólo un inapelable fracaso moral. Esta votación no solamente expulsó de esta época y este país a los Hermanos Marx, sino a Chaplin, Laurel y Hardy, Buster Keaton, Jerry Lewis, Bob Hope, los Monty Python, los responsables de *Aterriza como puedas* y por supuesto a Gila, uno de cuyos gags telefónicos bien podría haber sido: «¿Se pueden poner las Ministras de Trabajo o de Igualdad?». «No, en este momento están muy ocupadas votando.» «Ah. ¿La Reforma Laboral?» «No, hombre, qué dice. La canción del Festival de Benidorm.» Habría carecido de gracia, por realista.

El momento en que suelo perder todo interés y me lavo las manos repetidamente, con jabón y con gel, es aquel en el que los aliados se empiezan a detestar y a pelear entre sí. Es el signo de esta legislatura, gobernada por una coalición que asegura «gozar de excelente salud» mientras se zahieren y critican unos a otros, se echan las culpas, se ponen zancadillas y se apuñalan. Los del actual PSOE, para mayor inri, odian a los del antiguo PSOE, y los de Podemos, de corta vida, ya se han escindido bien: Más País, las Mareas gallegas, la sección andaluza, la catalana de Colau...

Y qué decir de los independentistas catalanes: es difícil encontrar interés en gentes de la Edad de Piedra, cuando también los humanos eran pétreos e incapaces de razonar, comprender ni aun escuchar. Pero si además los de Esquerra abominan de JuntsxCat, éstos de la CUP, éstos de los colauitas y éstos del anexionado PSC, entonces uno les da la espalda sin más.

Apenas había pasado un mes del destierro de todos los cómicos modernos cuando llegó la gresca del PP para echar también a Aristófanes, Plauto y Terencio. La dirección acusó de corrupción a su dirigente más celebrada, Díaz Ayuso, la cual, por su parte, llevaba tiempo lanzándoles dardos y flechas al Presidente del partido, Casado, y a su lugarteniente Egea. Hay que recordar que a esa mujer la había nombrado el mismo Casado para optar a la Presidencia de la Comunidad de Madrid, que ella conquistó sobrada, barriendo, entre otros, a su fatuo contrincante Iglesias, que —no se olvide— abandonó la Vicepresidencia del Gobierno para arrebatarle Madrid. También nombró Casado portavoz de su formación a Cayetana Álvarez de Toledo, para luego expedientarla y sancionarla, mientras lo más amable que ella dice de su partido se resume así: «Es un vertedero». Talento y ojo no se le pueden negar a Casado: es de los que cala a las personas con echarles tan sólo un vistazo.

Con anterioridad Albert Rivera hundió a Ciudadanos y lo dejó inservible para su sucesora Arrimadas, quien tuvo a su vez sus reyertas con correligionarios.

Si salimos de la política, el panorama no cambia, es de división: unas feministas están enfrentadas a otras a cuenta de los o las transgénero, que una nueva ley consagra como mujeres o varones a voluntad de los o las solicitantes. Y otras feministas andan a la greña a cuenta de la prostitución: unas quieren abolirla y prohibirla, sin aprender de la Historia que eso jamás ha funcionado, y otras regularizarla para que las trabajadoras del sector tengan mayor protección e higiene, atención médica y demás. Esto es, el mayor adversario de las feministas hoy es... feministas distintas.

La impresión causada es que nadie quiere gobernar ni alcanzar el poder ni independizarse; nadie aspira a mejorar ni organizar nada en ningún terreno; y que todos, absolutamente todos, están sólo atentos a su parcelita o sillón ridículos, a sus insignificantes deseos y a sus discusiones bizantinas; y que, en consecuencia, nadie trabaja ni imagina ni piensa, al estar todos absortos en lo ya conseguido: en sus sueldos, en sus cargos, en sus organizaciones minúsculas, en sus ojeadas furtivas y complacidas al espejo (pese a la tremenda competencia, el ejemplo máximo de engreimiento es Laura Borràs). No sé cómo pretenden que se los tome en serio. No sé cómo los rebajados medios de comunicación dedican páginas y horas a esta patulea de vagos pueriles y jactanciosos, incapacitados para conducir un país. Ni siquiera Freedonia, aquella nación demente de *Sopa de ganso* gobernada por Groucho Marx, podrían éstos conducir.

6-III-22

Cuento de noviembre 2 (El profesor Pírfano)

Quien prueba insospechadamente las mieles de algo, ya no puede renunciar a ellas. Las personas que dan satisfacción en la cama deberían ser más cautas que las torpes o tibias, porque se encuentran con que sus parejas ocasionales siempre quieren repetir. Precisamente por habérseles dado a conocer un alto gozo, son capaces de perseguir hasta el infinito al causante. El profesor Pírfano de Lerma sabía que él no era deslumbrante en ese campo, y que sus probabilidades de éxito dependían más de la ignorancia que del conocimiento. Al constatar que su capacidad de fascinación estaba limitada a sus alumnas y que nunca alcanzaría a nadie fuera del aula, concluyó que debía convertirse en alguien con proyección nacional, para que se le ensanchara el territorio de caza. Había comprobado, además, que tanto Olga Juez como Conchín Bailly-Baillière y las otras víctimas de su elocuencia, evitaron repetir, seguramente debido a lo siguiente:

Pírfano, desde la infancia, había sido muy propenso a pillar catarros y siempre se moría de frío. Y como entonces eran raras las llamadas «prendas térmicas», recurría a lo que más lo protegía, el papel higiénico. Así que, bajo la camisa o el jersey de cuello alto, llevaba un rollo enrollado alrededor del tórax. A Olga, a Conchín y a las demás se vio obligado a advertirles: «Te vas a sorprender, pero, por culpa de una tuberculosis mal curada que padecí en la infancia, no me puedo permitir ni un estornudo, por lo que me cubro el pecho con algo que deberás ayudarme a desenrollarme, si pretendes seguir adelante.

¿Te lo cuento o prefieres verlo tú misma?». Al hechizo provocado por el «efecto tarima» se añadían de pronto la compasión anticipada («Pobrecillo, una enfermedad que arrastra») y la curiosidad morbosa («¿Qué demonios llevará? Si fuera una faja no me avisaría, se la quitaría en el cuarto de baño y listos»), así que la respuesta de sus cinco seducidas apenas varió: «Déjame ver, yo soy muy comprensiva». Lo peor del rollo salvífico era que salía muy sudado. Después del acto amoroso Pírfano lo tiraba y se colocaba otro nuevo.

Pero tuvo mala suerte con Martuni Böhl de Faber, gaditana de origen alemán. El día que llevó a esta joven a su casa se le había agotado el papel higiénico y no había tenido más remedio que ponerse unas cuantas hojas de periódico enteras, que formaban la armadura. Le costó retirárselas, y, por el abundante sudor, se le quedaron fragmentos pegados y también manchas de tinta. Vio la expresión de estupor de Martuni y pensó que saldría corriendo en el acto, pero no fue así, cautiva como estaba de la fascinación, la compasión y el repelús. Al cabo de un rato, no obstante, y cuando ella cabalgaba a horcajadas, Pírfano notó unas sacudidas desacompasadas y descubrió que obedecían a carcajadas. «¿Qué te da ahora tanta risa, muchacha? Esto es un anticlímax, y como tú comprenderás...», le dijo Pírfano airado, le salían las malas pulgas cuando sentía una burla. «Perdona», le contestó Böhl de Faber, «pero es que me distraigo leyendo los titulares que se te han quedado aquí y allá. Ya sabes, el poder de la letra impresa...». El profesor fue a mirarse al espejo del cuarto de baño y vio que el fragmento de noticia más visible rezaba: «Muchos nazis sufrieron», la frase estaba incompleta. Se arrancó a disgusto cuanto se le había pegado y volvió a la alcoba, donde Martuni lo recibió aún con risas: «¿Qué, te has leído ya toda la prensa? Ahora se te ve bien pulido». El profesor se lo tomó a mal, se vistió sin protección interior y la echó con cajas destempladas. De lo que se arrepintió en seguida: había destruido la compasión y le había facilitado a Böhl de Faber contar el episodio a los cuatro vientos.

Tenía un amigo del colegio que acababa de ser nombrado director de un periódico nuevo que había creado expectación considerable. Fue a verlo a su despacho y le pidió que le diera una columna diaria. Amatriain, que así se llamaba el amigo, puso los ojos en blanco: «¿Diaria? ¿Tú sabes lo que cuesta y desgasta eso? Claro que a ti siempre se te dio bien la redacción. ¿Y sobre qué? Ya tenemos analistas políticos y deportivos». «Si tú me das libertad, te escrito una columna a la que los lectores irán derechos tras los titulares de primera plana, o aun antes. En el plazo de dos o tres meses estará en boca de todos. Si no es así, me echas. Yo no cobraré de momento, y tampoco si no te convence. Eso sí, si se cumple lo que vaticino, entonces hablaremos de las condiciones, del contrato y la tarifa. Escribir se me dio bien siempre, lo reconozco.»

No perdía gran cosa Pírfano con aquella apuesta, y, sobre todo, no se le había ocurrido otra manera de adquirir reputación nacional. Se creía muy capaz de extender por escrito aquel «efecto tarima», sin perder horas de su vida dejándose la garganta en un aula. Y añadió: «Firmaré Pírfano de Lerma, sin nombre de pila. Como deberían haber hecho Camba, Gómez de la Serna y González Ruano. ¿Qué te parece? Tu periódico va a necesitar lectores adictos. Yo te los traigo».

13-III-22

Putin conjeturado

La antelación de dos semanas con que entrego estas columnas convierte en ilusoria cualquier reflexión sobre la invasión de Ucrania. Para cuando ustedes lean esto, puede estar terminada o aún más recrudecida. Pero en fin. Lo que es seguro —y no creo que cambie— es el desconcierto de casi todo el mundo ante el paso dado por Putin, que tonto no parece, ni tampoco un irascible con arrebatos, como lo fue Hitler. Frente a los análisis que apuntan a un brote de locura o a su pérdida definitiva del juicio, cabe alguna otra posibilidad, siempre en el terreno de las conjeturas. Putin lleva unos veinte años al mando de su país, pero es tan hermético y ofídico que casi nada sabemos de él, aparte de lo que se ha esmerado en transmitir: es un megalómano sin temor al ridículo con tal de dar imagen de hombre fuerte de acción, y así nos ha obsequiado con fotos grotescas: cabalgando con el torso desnudo, enfrentándose a un oso y no recuerdo si a un tigre, nadando en aguas supuestamente heladas. También sabemos de su aparente imperturbabilidad y de su manifiesto cinismo: todo le trae sin cuidado; tener fama de asesino y que Biden se refiera a él con ese término; que se lo considere un dictador que encarcela o manda envenenar a sus opositores, además de un homófobo declarado y un enemigo de las libertades; no sólo de las de los rusos, sino de las del resto del planeta. Hasta la fecha no se ha inmutado por su pésima prensa.

En cuanto a las imágenes que no puede controlar enteramente, ayudan poco. Llevo observándolo largo tiempo en televisión y en fotos, y lo único que he sacado en limpio es pobre, por evidente: es un enorme chulo, tanto que se lo podría pensar acomplejado. Lo percibo en su manera de sentarse, invariablemente con los muslos muy abiertos, como si deseara presumir de un paquete que ignoro si tiene. Suele permanecer en su sillón cuando recibe a alguien, como subrayando que las reglas de la cortesía no le incumben si llevan aparejado el reconocimiento del visitante. En los últimos tiempos lo hemos visto poner la distancia de gigantescas mesas entre él y sus «iguales», Macron y otros, y no digamos sus felpudos humanos. Esto se ha achacado a su pavor a contagiarse del virus, pero podría obedecer a su necesidad de no dar un paso de acercamiento a nadie, como si eso lo disminuyera.

Admito que, con la invasión de Ucrania, puede haber incurrido en un grueso error de cálculo, pero no en un desvarío. Es frecuente que los chulos se crezcan hasta el punto de medir mal sus fuerzas y sus pasos. En 2014, Putin se anexionó Crimea, y Lugansk y Donetsk en la práctica, y nada ocurrió, la apropiación se encajó como un hecho consumado. Por las mismas fechas, tropas prorrusas (es decir, suyas) derribaron un avión de pasajeros matando a una gran cantidad de europeos, y tampoco pasó casi nada. En 2016 logró influir en las elecciones estadounidenses y colocar en la Casa Blanca, si no a un hombre a su servicio, sí a un admirador ferviente, Trump. Que la misma operación no le saliera en 2020 se lo tomó con flema: unas veces se gana y otras se pierde. En Occidente no le han faltado devotos: desde los notorios izquierdistas Le Pen, Salvini, Zemmour, Orbán y Mélenchon hasta —en España— el beato articulista de *Abc* que le ha dedicado loas calificándolo de máximo defensor de la Cristiandad y otras maravillas; más los independentistas catalanes, Podemos (que aún debe de creer que Rusia es la Unión Soviética), Vox y los émulos del alcalde de Marinaleda y del jefe de UGT Álvarez que aparecen serviles en el canal Russia Today.

No sé si quiero saber lo que cruza la cabeza de un asesino flagrante para tomar una decisión que, como mínimo, supondrá la ruina económica de su país, y quizá, a la larga, el fin de su tiranía. Tal vez ha sido víctima de un exceso de envalentonamiento o *hybris* (el pecado griego que presenta semejanzas con nuestra soberbia, en el que caen los hombres poderosos antes de ser destruidos). Acaso Putin se haya dicho: «Si he sido capaz de todo esto sin mayores consecuencias, y he coronado al Presidente de los Estados Unidos, ¿quién va a oponérseme por apropiarme de un país que es mío, que carece de peso y cuyo Presidente es un cómico televisivo sin instrucción táctica ni estratégica ni política? Nadie va a indisponerse conmigo y con mis armas nucleares por una nación que el gran Stalin diezmó con hambrunas sin disparar un tiro. Además, los ucranios anhelarán ser rusos». De ser esto así, él y nosotros nos encontramos más allá de la raya que, una vez cruzada, aherroja a los chulos: ya no pueden dar marcha atrás. Si Putin lo hiciera, quedaría como un fracasado y sería objeto de escarnio. Así que deberá seguir adelante e incrementar su guerra. De ésta sólo le cabe salir vencedor, aunque el coste en tiempo, bajas y dinero sea infinitamente mayor de lo por él previsto. La única esperanza es que, aunque gane (y ganará si se empeña), Rusia y su régimen despótico se verán debilitados, desprestigiados, empobrecidos y aislados. A un Estado paria se lo teme menos. Es un triste consuelo, pero hoy no veo otro.

20-III-22

Cuento de Catherine del Biombo 3

A Brendán Godínez lo perdían sus modales finos, por no copiar a Rimbaudo y decir su delicadeza. Era de esas personas —muy infrecuentes en España, donde a la mayoría le importa una higa quedar como un patán o como un bruto, porque siempre habrá otros que les jaleen la elección tosca— a las que preocupa sobremanera que alguien pueda hablar mal de ellas en el futuro o cuando hayan muerto. Como si cuidaran su biografía en todo instante y ante cualquier testigo, ignorando que ya sólo son biógrafos los rencorosos, los oportunistas y los chismosos. Una puta, amiga de un amigo, se lo había resumido una vez así: «A ti, para ser arrebatador, te falta un poco de vulgaridad».

A Brendán le habría salido contestar «Ni lo sueñes», pero no quiso mostrarse adusto con Del Biombo: «Bueno, habría que pensárselo mucho, apenas nos conocemos». Para su sorpresa, ella contestó con desparpajo: «Bueno, está bien. Tampoco esperaba otra cosa»; y sonó como si le hubiera reprochado: «Los hombres siempre rehuís vuestras responsabilidades». Luego añadió: «No importa. Lo daré en adopción». Aquello le heló la sangre a Godínez más que si le hubiera anunciado un segundo aborto seguido de excomunión segunda. «¿Un hijo mío, una hija mía? ¿Sin saber en qué manos va a caer ni qué vida le tocará en suerte? Antes me lo quedaría yo.» Eso no le pareció mala perspectiva. Se vio con una niña que le ayudarían a cuidar sus hermanas, su cuñada y sus amigas, y que lo querría a él incondicionalmente. Y con alivio pensó: «Y además esta loca estaría fuera de juego».

En seguida se arrepintió de calificarla así para sus adentros, como si ella pudiera oírle y encontrar pretexto para contar que Brendán la había despreciado con una asquerosa fórmula paternalista. «¿Te lo quedarías? Pero sería español, entonces», adujo Catherine, y en su voz había un dejo de superioridad, como si creyera que el americano más ínfimo sería mejor que cualquier español, por educado que fuera. Brendán opinaba lo mismo, pero al revés. En el fondo, los de las antiguas colonias le parecían gente rudimentaria. «¿Ves algo malo?» «No no. Es sólo que tendrías que costearme los viajes cuando viniera a visitarlo. No seré nunca lo bastante rica para semejante gasto.» Godínez se llevó las manos a la cabeza mentalmente: «De esta mujer va a ser difícil deshacerse, ¿quién me mandaría a mí...?». Una vez abierta la espita de los defectos reales o inventados, los encontraba a puñados, y no logró evitar figurarse lo que sería un largo matrimonio con ella, sobre todo en un Estado sureño (los americanos cambian de lugar constantemente). Se vio sentado en un porche pasando las horas muertas en una hamaca con latas de cerveza, estragado por la humedad y el calor y con un peto espantoso. A ella la vio con pechos intimidatorios, atendiendo a varios críos en una cocina sucia, con sartenes sin fregar. Claro que aquello era un tópico sacado de las películas, pero un escalofrío le recorrió el cuerpo entero.

«¿Ah sí? Si lo entregaras en adopción ni se te permitiría visitarlo.» «Pero si viviera contigo sería distinto.» Y añadió, pasando a un inquietante presente de indicativo: «Al fin y al cabo yo soy su madre». Eso lo hundió del todo. «Bueno, bueno, esperemos a ver qué pasa. No eres madre de nadie, y, que yo sepa, puede que ni estés embarazada.» Ella le sonrió y esta vez no se besó los incisivos, sino las muelas con el interior de los carrillos. Por guapa y deseable que fuera, Brendán no podría soportar a una mujer que emitiera tantos ruidos bucales. «Vale, esperemos. De momento no nos preocupemos y vámonos a tu casa. Ahora ya no hay riesgo.» Brendán pensó: «Ni loco». Pero sólo se le ocurrió una excusa más bien macabra: «Hoy no puedo. He de levantarme pronto para acompañar a mi padre a escoger una nueva lápida para mi madre, la antigua la han destrozado unos vándalos. Y si no voy con él, se derrumbará en el cementerio». Pese a sonar aquello tan inverosímil, todo el mundo acepta que los deberes para con los muertos son prioritarios.

Brendán Godínez necesitaba consejo de alguien más experimentado. A su padre no podía endilgarle aquella historia. Como Del Biombo, era católico practicante y consideraba el aborto imperdonable. Pero sí a Juan Benet, que le había presentado a su tesinanda o como se diga. Lo llamó y le preguntó si podía recibirlo de urgencia. «Tengo un folletín que contarte. O quizá se convierta en patetismo.» Aunque Benet no apreciaba los folletines ni lo patético en literatura (detestaba a Dostoyevski), sabía que la vida abunda en ambas lacras y lo cierto es que no podía resistirse a escuchar un prometedor relato en el que además él pudiera meter baza. Así que lo citó en su chalet de la calle Pisuerga a última hora de la tarde, cuando los dos salieran del trabajo. «¿Y ahora qué te pasa, no tan joven Brendán?», le soltó en cuanto se hubieron sentado. «¿Qué pata has metido ahora?» No era la primera vez que el no tan joven acudía a él con una cuita. Godínez carraspeó y se arrancó sin más: «¿Te acuerdas de aquella estudiosa de tu obra con la que coincidí aquí al principio del verano?». «¿La erudita Del Biombo?», dijo Benet con sorna. «Cómo no voy a acordarme. Me sometió a un tercer grado irrepetible. Nunca más le haré el trabajo a nadie. ¿Qué pasa con ella?»

27-III-22

Lo que no vale para unos...

Antiguamente los actores y actrices interpretaban papeles de todo tipo. Marlon Brando hizo de japonés (ridículamente) en *La casa de té de la luna de agosto*; Burt Lancaster, Ricardo Montalbán, Sal Mineo y muchos otros hicieron de indios; Rex Harrison y Yul Brynner, del Rey de Siam; Flora Robson, de la emperatriz de la China; Jack Palance, de Atila, hubo centenares de casos. Ahora la tendencia es la contraria: aunque se trate de papeles secundarios, los rusos encarnan a rusos, los coreanos a coreanos y los negros, obviamente, a negros. Pero no sucede tanto por dar verosimilitud a las historias cuanto por las protestas de las descontentas redes sociales cuando un actor blanco «usurpa» o «birla» un trabajo a un «no blanco». Actrices como Emma Stone han debido deshacerse en disculpas por haber aceptado hacer de, no sé, cobrizas, en una película. Quienes las empapelaron seguramente ignoraban que los proyectos cinematográficos o televisivos no salen adelante —no encuentran financiación— a menos que una gran estrella participe en ellos, de modo que, sin Emma Stone, quizá la película no habría existido. También olvidaban, los furiosos, que todo ese mundo es una industria que exige resultados.

Lo que convierte esta tendencia actual en sospechosa es que funciona en una dirección, o unilateralmente. En la versión de *Macbeth* de Coen, tanto el protagonista como Macduff son negros, y nadie ha montado en cólera por el absurdo y la «apropiación cultural» que eso supone. ¿Un negro era Rey de Escocia en plena Edad Media? ¿También uno de sus generales? En la serie *La corona hueca*, basada en varios dramas históricos de Shakespeare, el Duque de York y la Reina Margarita eran de la misma raza sin que nadie se sorprendiera. Y en una adaptación de *Los miserables* ocurría lo mismo con el villano Javert, inspector de la policía de París con enormes poderes. En pleno siglo XIX, en Francia, a nadie le extrañaba la circunstancia, ni nadie le preguntaba a ese Javert cómo se había hecho con tanto mando. Es decir, cuando son «no blancos» quienes usurpan papeles de blancos, nadie rechista. La razón que se esgrime viene a ser: «Durante siglos no pudimos encarnar a Hamlet ni a Macbeth ni a Ricardo III por el color de nuestra piel, y eso es injusto». Ya, y qué quieren, así es la vida. Tal vez a muchos blancos les habría encantado hacer de Kunta Kinte o de Martin Luther King, pero eso era grotesco e imposible. Y claro, si Shakespeare hubiera sido negro, hoy los blancos tendrían prohibido acercarse a sus textos.

Otro tanto sucede con las mujeres, que esgrimen el mismo argumento para ponerse en el pellejo de Hamlet, el Rey Lear o Segismundo. Y sin embargo pondrían el grito en el cielo si un varón les arrebatase el papel de Portia, Ofelia o Cordelia. (La excepción es el gran José Luis Gómez vistiéndose de Celestina, pero a él se le permite todo.) No sé: quizá exista hoy un público ignorante dispuesto a creerse que un negro podía estar al frente de la policía en el XIX francés, o aspirar al trono de Escocia o ser Duque de York. De este modo, de paso, se falsea la historia, se hace creer que los negros nunca estuvieron excluidos de los altos cargos, es decir, que jamás hubo racismo; o es más, que Europa estaba llena de negros desde el siglo XI, y que convivían con los blancos en igualdad de condiciones y como si tal cosa. Pero para quienes sabemos que apenas los había en Europa, y que si aparecía alguno se lo miraba como a un bicho raro y se lo esclavizaba; para quienes sabemos que Hamlet y Lear son varones blancos, estas interpretaciones nos resultan un mero fiasco. Uno piensa: «No me lo pongan aún más difícil para que suspenda mi incredulidad. Así me doy cuenta, desde el primer fotograma, de que sólo estoy viendo una película afectada. Y no puedo compadecerme con los personajes. Ayúdenme a creer, en vez de ponerme obstáculos».

He observado que también en una sola dirección va la condena de los «maltratos psicológicos». No cabe duda de que, en lo referente a los físicos, los hombres se llevan la palma por su mayor fuerza y su irascibilidad frecuente. Pero ¿tiene sentido atribuirles siempre a ellos los psicológicos? Hay muchas mujeres capacitadas para infligirlos. ¿Quién no ha conocido parejas en las que ella tiene acogotado al marido, en las que son ellas quienes zahieren y desprecian por sistema a los varones, y les arman broncas y les dicen que no dan una a derechas, y los tachan de inútiles, fracasados, calzonazos, pusilánimes, faltos de ambición, etc.? Cierto que muchos hombres se comportan de igual modo con las mujeres, pero no todos: los hay mansos, apocados, débiles, cohibidos. Si el maltrato físico suele darse en una dirección, el psicológico se da en las dos. No obstante, sólo se denuncia el masculino. La Universidad de Reading ha expurgado una sátira contra las mujeres de Semónides... de hace 2.700 años. Las que hoy se pronuncian contra los hombres en cualquier programa de monólogos o «humorístico» gozan, en cambio, del beneplácito de casi todo el sexo femenino. Si ellas, o los negros en lo suyo, no quieren quedar como meros oportunistas o aprovechados de las actuales corrientes, deberían ser justos y ecuánimes, y aceptar que lo que no vale para unos, tampoco vale para los otros.

3-IV-22

Cuento del profesor Pírfano 3

Amatriain consideró que el riesgo era escaso y accedió a la vanidosa petición de su antiguo compañero de colegio. De hecho lo impresionó su aplomo, opuesto a la inseguridad del niño feo y dentón que había conocido. «Pero ¿de qué vas a hablar?», le preguntó intrigado. «De todo, ya lo irás viendo. ¿Cuándo empiezo?» «El periódico sale de aquí a dos semanas. Dispones de ese tiempo para prepararte. Luego no me falles ni un día. Si la gente se ha de hacer adicta, no puedes faltar ni los domingos.»

Pírfano de Lerma se estrujó la cabeza y escribió multitud de borradores que invariablemente acabaron en la papelera. Lo que le salía era convencional, indistinguible de tantas columnas hueras, nada que ver con lo prometido. Tan sólo dos fechas antes de que le venciera el plazo, ya muy apurado, optó por artículos ficticios y osados. En el primero contó que el Rey lo había invitado a almorzar en una tasca de la calle de La Bola (le pillaba a mano del Palacio Real) y, disculpándose poco por su indiscreción, relataba el contenido de la conversación. Puso en boca del monarca frases que éste no había pronunciado; lo hizo hablar de manera campechana con algún taco intercalado, lo cual no era inverosímil dada la secular mala educación de la aristocracia española; lo hizo soltar alguna leve picardía y mostrar gran preocupación por el futuro matrimonio de sus tres vástagos, que aún eran niños: «Me preocupa que mi hijo sea víctima de una aventurera internacional, las hay a puñados, no sabes, Lerma». Se dirigía así a su interlocutor, por sonarle este apellido algo más noble que Pírfano, aunque también se equivocaba a veces y lo llamaba «Lemos», por lo mismo. Parecía que se tenían gran confianza.

Aquella primera columna de la sección titulada absurdamente *Para mis adentros y afueras* causó ya sensación, pues los lectores fueron víctimas del espejismo de asistir a una audiencia privada del Rey y de estarle oyendo. Bien es verdad que la mayoría entendió el juego y supuso que todo aquello era una figuración, una fantasía. Pero basta que la gente tenga una versión de lo que le está vedado para incorporarla a su «conocimiento», a falta de otra, de la verdadera. Y como en 1982 el Rey era aún percibido como alguien envuelto en ceremonial y misterio, se dio por bueno el relato de Pírfano y la voz se corrió en seguida: en el nuevo periódico había un fulano que tenía acceso a la Corona y contaba sus avatares. A la jornada siguiente las ventas de *El Único* se duplicaron, a la espera de nuevas revelaciones en aquella columna.

Amatriain, el director, había recibido una llamada de La Zarzuela, es decir de la Casa del Rey, inquiriendo el sentido de aquella información inventada. Amatriain estaba preparado y respondió presto: «Aclárele a Su Majestad que no se trata de información. Si lo fuera, el título de la pieza habría figurado en redonda, y, si bien se fijan, va en cursiva. Ello indica que es un juego literario. Como si Su Majestad apareciera en una novela». La persona que llamaba, Montefoscant, le respondió: «Se lo comunico a Su Majestad y le digo algo en seguida». Montefoscant no tardó, y le transmitió a Amatriain este recado: «A Su Majestad no le parece mal ser un personaje de novela. Dice que así la ciudadanía lo conocerá mejor, sentirá simpatía por él y compasión por su sino: ser Rey es muy duro. Por ejemplo, a Don Juan Carlos lo que le habría gustado es ser piloto de carreras, y eso, que está al alcance de cualquiera con carnet de conducir, a él le está vedado *ad aeternum*». «¿De carreras? Qué me dice.» «Así es, señor, de Fórmula 1, con su casco y su mono. El señor De Lerma puede continuar mientras no invente nada perjudicial ni de mal gusto ni ordinario.»

Amatriain hizo partícipe a Pírfano del contenido de la charla. Si éste había picado tan alto a la primera, no podía bajar a las cloacas de golpe, así que al cuarto día se inventó una visita a la Presidencia del Gobierno y contó cómo era Felipe González, que acababa de ser elegido, y cómo era la decoración del lugar, a la que puso pegas, y cómo vestía el Presidente, al que elogió con la salvedad de la corbata, «de lunares vacunos y nudo demasiado inflado». El mismo día de la publicación de aquella entrega, González, recién instalado en La Moncloa y todavía inseguro, llamó a capítulo a su asesor de imagen: «¿Cómo se te ocurre comprarme corbatas de lunares vacunos? ¿Y qué es un nudo inflado? Trae ahora mismo las que tengamos en el ropero». El asesor obedeció y vino con quince de aquellos complementos: «Vea usted, Presidente, no hay ninguna que se pudiera calificar de vacuna. Hay muchas lisas, y en cuanto a las de lunares, rojos sobre fondos azul claro y azul marino, verdes sobre fondo amarillo, etc. Ningún negro sobre blanco ni a la inversa». «Da lo mismo», le respondió Felipe. «Quema todas las de lunares, y también las de diamantes, para que no pueda ponerme ninguna de esas características.» «¿Puedo preguntar a qué se debe esto?» «A que hoy me critican por llevarlas.» «¿Quién?» «Aquí, un tal Pífano Lerdo de Tejada, en el nuevo periódico.» «Pero ¿usted lo conoce?» «No, pero da lo mismo. A ver si estamos más al día.»

10-IV-22

Así que pasen treinta años

Uno se da cuenta, al cabo del tiempo, de que algunas tristezas nunca se pasan y algunas personas nunca se olvidan. Cuando uno sufre esas tristezas, confía en que los meses y los años las vayan atenuando, hasta que finalmente se curen y desaparezcan. Lo primero es cierto, ninguna quemadura conserva la intensidad de cuando el fuego abrasó la carne. Lo segundo es falso, porque hay heridas que jamás sanan del todo o que dejan una cicatriz indeleble a modo de recordatorio continuo. En cuanto a las personas queridas y perdidas, uno teme lo contrario: que sus rostros y sus voces se nos vayan difuminando hasta no ser capaces de rememorarlos. Eso ocurre sin duda con quienes no tuvieron tanta importancia, o con quienes conocimos intensa pero superficialmente, o con quienes nos decepcionaron y tratamos de borrar aposta para sacudirnos la amargura. Pero no con los individuos cruciales, no con quienes nos marcaron. De éstos no sólo seguimos acordándonos así que pasen treinta años, sino que prolongamos su vida a base de preguntarnos qué habrían pensado de lo que hoy sucede, nos atrevemos a interpretarlos calladamente, pues nada tan irrespetuoso como proclamar que Lorca, o Machado, o Cernuda, o Azaña, habrían estado en la actualidad a favor o en contra de tal cosa, habrían apoyado a tal partido, se habrían opuesto a tal ley o Gobierno. Afirmar eso (y demasiados no tienen empacho en hacerlo) es tan arrogante como pretender que Dios le habla a uno y que obedece sus órdenes. Eso sí es apropiarse y arrimar el ascua a su sardina: cuántos imbéciles en los últimos años han asegurado que Shakespeare, de haber vivido en esta época, se habría dedicado a escribir series..., como si a él le hubieran importado sólo los argumentos, y nada el estilo.

Pero volviendo a lo concreto: el próximo 5 de enero se cumplirán tres decenios de la muerte de Juan Benet, quien, aparte de gran escritor al que aún los medianos zahieren póstumamente, fue un amigo y un maestro. No tanto literario cuanto vital. Él, junto con mis padres, me enseñó qué eran la rectitud y la decencia, sin que sus contradicciones biográficas (quién no las tiene) mermaran en absoluto sus lecciones: él veía los conceptos claros, aunque de vez en cuando decidiera no atenerse a ellos. También me enseñó a ver y oír mejor (pintura y música), y a leer mejor, a saber distinguir lo valioso de lo pretencioso y los recursos de buena ley de los de mala. Murió una noche de invierno de hace casi treinta años, y calibro lo lejos que está esa noche si pienso en lo que he escrito yo desde entonces. La última novela mía que leyó fue *Corazón tan blanco,* de 1992, y después han venido nueve más, la mayoría extensas. No sólo cuando las vi publicadas, también mientras las escribía, me resultó imposible no tener a Don Juan presente, como si su fantasma me mirara las páginas por encima del hombro. A veces he pensado que me habría reñido: «No, hombre, no, no pongas esto», y aun así lo he puesto, porque era sólo yo el que decidía. Otras me ha parecido que murmuraba: «Lástima que te hayas inclinado por ese adjetivo, porque no iba mal del todo este párrafo», lo cual debía entenderse casi como un aplauso; suprimí el adjetivo, en consecuencia, y me quedé medio tranquilo.

Pero, más allá de nuestra relación, Benet también era alguien que escribía artículos muy lúcidos y originales y que opinaba sobre las cosas del mundo. No siempre estuve de acuerdo con sus posturas, pero estaba seguro de que valía la pena tomarlas en consideración y atenderlas. De entre las piezas que publicó de ese género, y dejando de lado las luminosas sobre asuntos literarios, recuerdo una ocasión en que se dejó llevar por las emociones, algo en él infrecuente. El artículo se titulaba «Ryan» y en él maldijo con vehemencia a ETA (los consideraba ya cadáveres, seres muertos) después de que ésta secuestrara y asesinara a sangre fría (fue una vileza precursora de la de Miguel Ángel Blanco) al ingeniero vasco José María Ryan, en 1981. No lo he releído: si mal no recuerdo, tenía algo de exabrupto, pero, al venir de una pluma tan singular y eficaz, conmovía pese a su carácter.

Si ahora me pregunto qué le habrían suscitado los bombardeos sobre Ucrania, la invasión injustificada y feroz de Putin, creo (no me arrogo saberlo, estaría incurriendo en soberbia) que podría haber escrito otra pieza como aquella lejana, en la que las maldiciones habrían ido destinadas al actual tirano del Kremlin, al cual habría visto como a un cadáver suicida. Y alguna maldición menor les habría caído a los espíritus muertos que lo defienden, o miran para otro lado, en sus cómodos sillones de nuestro Parlamento, o de nuestras tertulias, o simplemente de nuestros salones. Él había estudiado a fondo la Segunda Guerra Mundial tras vivirla de lejos entre sus doce y sus dieciocho años. También la Guerra Civil, tras vivirla muy de cerca entre sus nueve y sus doce. Sabía bien lo que era un ser implacable. Esa es otra de las cosas que me enseñó a discernir: quién tiene piedad, incluso en la guerra o tras la victoria, y quién no la tiene. Quién mata sólo lo necesario y quién mata más de la cuenta, tan de sobra.

17-IV-22

Cuento del señor Cotta 3

Aquella dañina política, tan española, de quedarse tuerto por dejar al otro ciego, de causarse enorme perjuicio para causarle uno total al adversario, acabó por pasarle factura. La editorial Enigma fue sufriendo pérdidas a medida que el señor Cotta agrandaba su lista de autores damnificados. Como casi todos tenían más éxito que él, el descontento creció y se le fueron marchando a sellos en los que no se los boicoteara. Al darse cuenta de que no obtendría más ganancias, inició gestiones con un gran grupo para venderle su editorial. Pidió una cantidad desorbitada, pero Juan Díaz, el encargado de la transacción, le paró los pies con firmeza y aun así se mostró generoso, considerando la ya iniciada devaluación de Enigma. La suma fue suficiente, con todo, como para que Cotta creyera tener las espaldas cubiertas económicamente durante un lustro o quizá más. Invirtió en Bolsa y amplió su colchón. Ahora podría entregarse en cuerpo y alma a la creación de obras sublimes, sin preocupaciones terrenales, por así decir.

El señor Cotta había descuidado aspectos no ya de su formación, que le traía sin cuidado, sino de su retrato. Es propio de los ególatras conducir sus pasos con vistas a contemplarse mentalmente en el espejo. Siempre se había querido tanto que nunca había sentido la necesidad de querer a nadie más. Cierto que tenía amigos, pero su relación con ellos era utilitaria o competitiva —lo segundo si se dedicaban a lo mismo que él—. Lamentaba sus éxitos y celebraba íntimamente sus fracasos, por mucho que aparentara lo contrario ante ellos; se convirtió en un artista de la falsedad. En cuanto al amor, jamás había notado su falta; es más, no le veía objeto a anteponer la felicidad de nadie a la suya propia, le parecía una gran tontería. Sin embargo, percibía que existían grandes pasiones, sufrimientos y exaltaciones a su alrededor, y más o menos decidió que, para ser un hombre completo y complejo, debía recorrer esas sendas de éxtasis y dolor. Había sido individuo de apremiante apetito sexual, y no se había encontrado con grandes problemas para saciarlo. Por un lado, sus tragaderas eran anchas; por otro, optó por la bisexualidad, pues así se le duplicaban las oportunidades: en vez de centrarse en la mitad de la humanidad, se centraba en la totalidad. Le parecía lo más moderno, además, y se añadía la ventaja de desconcertar y crearles inseguridad a sus parejas, a las chicas con los chicos y viceversa. Con tan amplios horizontes, y dispuesto ocasionalmente a pagar en especie —en dinero no, era tacaño—, no le habían faltado compañeros de cama o sofá.

Enamorarse era no obstante otra historia, en la que no era nada ducho. Está bien expresado así, pues creía que eso era cuestión de práctica, no de sentimiento. De modo que mimetizó las cuitas, las eclosiones, los celos y los tormentos de los enamorados. Primero probó con una joven que por entonces mantenía una relación clandestina con el afamado columnista Pírfano de Lerma. Se llamaba Iris Vallarín y sólo veía intermitentemente a su amante, demasiado absorto en su celebridad. Cotta se la envidiaba y encima la encontraba inmerecida e injusta: juzgaba a Pírfano un autor mediocre y frivolón, pasto de la aristocracia y de la plebe, dos estamentos bien zafios. Así que la idea de competir con él en otro terreno lo estimuló. La situación le permitía dolerse, y exigirle a Iris que abandonara al figurón —le habría espantado que ella lo hiciera—, y de paso irritaba al periodista, que en seguida estuvo al tanto de su existencia: la joven, algo ingenua, jugó a darle celos a Pírfano. A través de ella supo que el amante primero despreciaba a Cotta a su vez, considerándolo sólo adecuado para bostezar y un pedante en toda regla. A Pírfano de Lerma le llegaron, por su parte, los comentarios despectivos de Cotta hacia él, al que desdeñaba por inculto y por escritor anticuado y rancio, en la estela —cierta— del filonazi González Ruano y el falangista García Serrano. En suma: por mucho que Pírfano se las diera de izquierdista en su columna, Cotta lo juzgaba inevitablemente franquista, de espíritu y de estilo. El odio entre los dos fue aumentando por amante interpuesta; Iris Vallarín les iba largando a uno y a otro cuanto les oía mascullar entre las sábanas, los dos descuidaron sus obligaciones para con ella.

El articulista, con cuidado de no nombrarlo (le habría hecho un favor), no se resistió a lanzarle venablos a Cotta en sus leidísimas columnas, hasta que demasiada gente se preguntó quién sería «el pelirrojo untuoso» (así se refería a él) al que profesaba tanta inquina, y cayó en la cuenta de que en el ámbito literario no abundaban los colorados, luego no se tardaría mucho en atar cabos y decidió apodarlo «el patilludo primoroso». Cotta, a su vez, se propuso vengarse sacando a Pírfano en una novela, como personaje ridículo, trepa y de nula potencia sexual. En este último aspecto el columnista no podría devolvérsela sin faltar clamorosamente a la verdad, ya que, si Cotta era incapaz de enamorarse, estaba siempre presto a las proezas por su exacerbada rijosidad: bastaba que alguien lo rozara para despertarle una urgentísima voracidad. Un enfermo, en suma.

24-IV-22

Vivir en la suspicacia

A estas alturas me pregunto —perdón— si a muchas mujeres, sobre todo articulistas, no les cansa vivir en un panfleto permanente y con la suspicacia a flor de piel. A veces se tiene razón, y a fuerza de exagerar se la acaba por perder. Es el caso del Feminismo IV o actual, abocado a la transitoriedad por agotamiento de quienes lo predican y padecen. El *MeToo* tuvo sus cosas buenas, aunque tendió a infantilizar a muchas mujeres, que, según sus relatos, parecían tener siete años, quedarse paralizadas y mudas ante los avances de un hombre y ser incapaces de articular: «No, no quiero, no he venido aquí a eso, me largo».

Se inventaron los «micromachismos», y su desbocada deriva ha llevado a alguna gente a verlos por doquier y a suprimir lo de «micro». En pocos días he leído unas siete piezas condenando lo que, según sus autoras, era machismo evidente. Como para mí no lo era —sí, ya sé que soy varón—, me tomé la molestia de leerlas, a ver si se me había escapado algo tan manifiesto, y me ilustraban. Huelga decir que gran parte de esas columnas glosaban la bofetada de un tipo a otro en la ceremonia de los Óscars. Ahí el machismo consistía en que el agresor había salido en defensa de su mujer, sobre la que el agredido había hecho una broma pesada, cuando ella no le había pedido protección. Creer que las mujeres la quieren las disminuye, y perpetúa situaciones lamentables, hay que ver: la mitad de los jóvenes españoles de entre quince y diecinueve años tienen interiorizado que deben proteger a sus novias. Estoy convencido de que parecido porcentaje de chicas piensan que deben proteger a sus novios, es decir: se trata de algo recíproco, y natural si se me apura. Ni siquiera es una reacción «inculcada»: yo he visto a un niño de tres años que todavía no sabía nadar lanzarse al agua para salvar a su padre, que fingía estarse ahogando ante sus amistades adultas; pero esa broma aún resultaba incomprensible para el crío. Y cada cierto tiempo leemos noticias de niñas o niños pequeñísimos que con serenidad han marcado el 112 al ver desmayados a su padre o madre. Las personas se ayudan y protegen instintivamente unas a otras, sobre todo si quien está en peligro es alguien querido. Lo extraordinario es que también, con frecuencia, se proteja y ayude a desconocidos, independientemente de su sexo, edad, raza o religión, sobre la cual no se le pregunta a quien acaba de sufrir un accidente.

Por lo demás, a lo largo de mi vida he acompañado, de noche, hasta el portal y aun hasta el ascensor, a bastantes mujeres, así fueran mi novia o una recién conocida. Sí, admito no sólo que soy varón, sino que se me enseñó a prestar escolta por una sencilla e innegable razón: salvo excepciones, los varones tenemos más fuerza física que las mujeres, y un posible asaltante o ladrón se lo piensa dos veces si una de ellas va acompañada, eso es todo. También caminé una vez junto a un hombre amenazado por ETA y lo dejé en su portal (él había esquivado a su guardaespaldas), pese a que, para semejantes asesinos, mi presencia no habría resultado disuasoria. He de añadir que en la mayoría de las ocasiones fueron las mujeres las que me pidieron esa escolta, o bien la daban por descontada. No es que yo, paternalista, se la impusiera. Si alguna me dijo «De verdad que no hace falta», me abstuve, en la duda de si me lo decía por ahorrarme molestias o porque ansiaba perderme de vista.

Otro de los artículos leídos hablaba de no sé qué película de animación a la que sometía a interpretación muy intensa. Por lo visto la película está hecha por mujeres, lo cual es celebrado, según la autora, por las feministas más ingenuas. Porque ni ese detalle, ni que se trate la menstruación en un film para niños (un gran logro, por lo visto), impiden que la cinta en cuestión sea —lo han adivinado— machista. Pues comete dos pecados de machismo capital. Uno es que la madre de la protagonista es severa, exigente e insoportable, al aspirar a que su hija triunfe en lo que se proponga. Así que, en lugar de mostrarse a una mala madrastra, que era lo clásico, ataca a las madres del mundo; ergo, las mujeres causan la desdicha de las mujeres. Estoy seguro de que si la madre de esta película (que no voy a ver en ningún caso) hubiera sido dulce, la misma feminista u otra habrían criticado el retrato edulcorado y blando, no «empoderado», de las progenitoras. El segundo pecado es que los varones de la película son unos zotes bonachones que no se enteran de nada. Esto es, no son lo suficientemente malvados, cuando el mundo sabe que *todos* los hombres somos intrínsecamente violentos, tiránicos y abusadores. Supongo que lo feminista fetén hoy sería que los personajes masculinos fueran padres horribles y fustigadores que sometieran a madres e hijas a sus órdenes y a sus palizas. Y que por supuesto jamás las protegieran de nadie, porque ellas se bastan y se sobran. Lamento reconocer que este feminismo, a diferencia del I, II y III, no me interesa lo más mínimo, porque está concebido para gente simplona.

1-V-22

Cuento del profesor Pírfano 4

La noticia de la quema de corbatas llegó a oídos de Amatriain y éste se la transmitió a Pírfano, que se sintió halagado y a continuación crecido. Algunas de sus columnas trataban de naderías, inventadas o reales, que entretenían a los lectores, pero cada pocos días los obsequiaba con un encuentro «en las alturas». Eso le gustó, y cambió pronto el título de su sección, con escaso acierto, por el de *Alturas y bajuras*. Como se las daba de izquierdista, relataba una excursión al Pozo del Tío Raimundo o a la Cañada Real, sitios tirados madrileños. Pomposa y demagógicamente, describía sus miserias con estilo de 1900. Y luego comentaba con desenfado una cena en casa de Isabel Preysler o de Marta Chávarri, que sin haber alcanzado ningún logro eran celebridades y provocaban curiosidad. Pírfano desconocía las costumbres de las personas ricas, pero se las imaginaba con la suficiente verosimilitud como para que se dieran por verdaderas.

Al poco tiempo, la gente de posición, los políticos, los cantantes y las actrices, los millonarios, las petardas televisivas y un par de novelistas mundanos empezaron a sentirse orillados porque Pírfano no se hubiera aproximado a ellos. A la redacción de *El Único* fueron llegando invitaciones a nombre de Pírfano de Lerma, de Lemos, de Leza y aun de Lerdo. Se requería su presencia en un estreno, en una cena, en un *cocktail*, en la ópera o en un sarao, porque todas aquellas gentes veían como una afrenta que Lerdo no se codeara con ellas ni, consecuentemente, las mencionara en su columna. No les importaba que los textos desprendieran cierta mala uva y deslizaran venenillos contra los personajes retratados. (Hay que tener en cuenta que Pírfano era sobre todo un resentido y que en realidad detestaba a cualquiera con más apostura, riqueza o éxito que él.) Estaban dispuestas a aparecer burladas. Era mejor que no aparecer.

El profesor Pírfano exigió un inmediato aumento de sueldo, y Amatriain se lo concedió; abandonó sus clases, que para colmo eran vespertinas y le habrían dificultado acudir a veladas; se puso de nuevo en manos de un gran ortodoncista, que le remetió aún más la dentadura voladora, pero le recomendó sonreír lo menos posible, y él optó por no hacerlo jamás en público; un peluquero llamado Riviere le acortó algo más las melenas, le tiñó discretamente las incipientes canas y le tapó un poquito las orejas, que, contra el criterio de Pírfano y de su madre, encontró asquerosas: al menos logró que ya no pareciera Nosferatu. Con dinero encima, Pírfano fue a comprarse ropa cara. Las tiendas finas lo intimidaban, así que, según entraba en ellas, descartaba prendas con un mohín: «No, por Dios», decía, «¿cómo se les ocurre a ustedes tener esto aquí?». Y lo curioso es que los y las dependientes, que suelen ir muy sobrados y miran de arriba abajo a los clientes con aspecto de poco pudientes, se achantaban ante su severidad y se apresuraban a retirar las prendas por él condenadas. Sin embargo, como tenía mal gusto y veía como elegante lo que los resentidos acostumbran a ver de ese modo, adquirió una colección de trajes cruzados y *blazers* color zafiro con botonadura de plata, así como varios *foulards* muy ostentosos. Y para los pies eligió «botos», ese espantoso calzado que no son zapatos ni botas y que cubren el tobillo. Pero como estaba convencido de ir ahora hecho un pincel, se armó del suficiente valor como para aceptar invitaciones. No le faltaba donde elegir.

Se aficionó a salir todas las noches e incluso algunas tardes. A lo que no renunció fue a sus sempiternos abrigos rusos, largos y entallados y con amplias solapas de piel, y los convirtió, como lo demás, en elemento de su personalidad. Al principio no sabía cómo tratar a aquella clase de gente, y suponía que, si solicitaban su compañía, era para oírle contar anécdotas maliciosas sobre otros, incluido el Rey. Comprendió que no podía permanecer callado sin más, pero sí hacerse el enigmático y el implacable observador. Así que si la anfitriona lo veía mirando lo que él no estaba seguro de si era un jarrón o un orinal (para él era como mirar la nada), se acercaba a él temerosa y le inquiría: «¿No te gusta, Pírfano?». En estos ambientes el tuteo era universal. «Te advierto que es del Buen Retiro, muy valioso.» Él no tenía ni idea de lo que significaba eso, pero aprovechaba la ocasión para sentenciar a muerte la porcelana: «Eso es lo que se merece: un buen y definitivo retiro. Parece un orinal fino y antiguo, lo cual es un oxímoron. Un orinal no puede ser fino ni debe durar demasiado tiempo, puaf». La anfitriona, sin aclararle la utilidad, se ruborizaba y le reía el chiste, y al cabo de un rato Pírfano se percataba de que había hecho desaparecer el jarrón u orinal Buen Retiro. Cuando algo más tarde, durante la cena, notó la mano de aquella anfitriona sobándole el paquete bajo la mesa —hasta causarle un poco de daño—, entendió que había conseguido convertir el «efecto tarima» en el «efecto columna» y que, mientras Amatriain lo mantuviese en su puesto... «Tengo polvos asegurados», así lo pensó él, con zafiedad.

8-V-22

Día y noche, noche y día

Lo hemos aplazado dieciséis años largos, en parte por no enfrentarnos a la magnitud de la tarea y por desidia e incapacidad resolutiva; en parte por pena y por respetar la absurda voluntad de mi padre («Quiero que todo continúe como está»). También, en gran medida, por el desinterés o desdén de los Ministerios de Cultura, de la Biblioteca Nacional y de todos los organismos a cuyas puertas se llamó. Debo reconocer que yo hice pocas gestiones, y que han sido mis hermanos y mis cuñadas quienes se han encargado. La verdad es que, a partir de un cierto momento, y tras comprobar que a las entidades culturales les traía sin cuidado el legado de mi padre, Julián Marías, me lavé las manos y me desentendí. Dije a mis hermanos y cuñadas que podían hacer lo que quisieran, y que no me opondría a lo que decidieran. «Ya tengo bastante», me excusé, «con ocuparme de mi propia biblioteca, de mis originales y borradores, de mi abundante correspondencia». No porque crea que eso va a ser codiciado por nadie, visto lo visto, sino porque todo escritor acumula tanto material a lo largo de su vida que más vale buscarle aposento si no lo quiere destruido sin más, tras su desaparición.

Ahora, dieciséis años y pico más tarde de la muerte de mi padre, mis generosos hermanos me informan de que se ha completado el traslado de cuantos documentos y libros había en el piso de Chamberí a la Universidad Complutense de Madrid, que no sólo los ha aceptado en donación, sino que, con gran esmero, ha ido ordenándolo y archivándolo todo: miles de volúmenes, incontables cartas, millares de fotografías, qué sé yo. Aunque no haya participado en la operación, deseo expresar mi gratitud a esa Universidad, en la que mi padre estudió antes de la Guerra y el franquismo jamás le permitió ser profesor, por su respeto y su hospitalidad.

No sé ni quiero saber dónde serán alojados los libros que han constituido el paisaje de mi infancia y juventud y, tras unas vueltas por el mundo, también de mi edad adulta. Prefiero seguir imaginándolos allí donde siempre estuvieron, ocupando la casa entera y un par de sótanos, esa casa que, supongo, ha dejado de existir definitivamente. En los muchos años transcurridos desde la muerte de mi padre en 2005 (mi madre había muerto en 1977), he ido allí numerosas veces, principalmente a recoger correo o a buscar algo concreto, quizá un viejo juguete. Entraba con mi llave y no me quedaba apenas rato, pero sí visitaba la última habitación que tuve y me asomaba al salón y al despacho, contiguos entre sí, porque él escribía en el segundo y en el primero leía o releía. Me reconfortaba verlo todo más o menos en su estado original. Algún que otro mueble desapareció por complacer a una sobrina encaprichada con él; algunos cuadros salieron, ya que ese fue el único reparto que los hermanos efectuamos pronto; de los por mí elegidos, acabé llevándome sólo dos y renunciando al resto, pues en mi propia casa no había pared para ellos. Pero en conjunto todo permanecía igual: el sillón de la lectura, el sofá y las butacas en los que se sentaron tantas visitas de una casa alegre y llena de ellas, esperadas o no; el bonito y enorme escritorio, que diseñó mi padre y encargó a un carpintero soriano, Pérez Frías si mal no recuerdo; y sobre todo la biblioteca, los volúmenes cuidadosamente alineados que vestían las paredes de color. Cada uno de esos libros tenía su historia y su recuerdo para él, solamente para él. Sabía dónde los había comprado, la alegría sentida al descubrir algo estupendo en los estantes de una librería de viejo o anticuaria. A veces llegaba con una gran sonrisa y nos anunciaba (a mi madre más bien, a nosotros eso no nos decía nada): «Qué hallazgo, una edición temprana de las obras de Descartes»; o las del filósofo Francisco Suárez en latín; o las de David Hume. Compraba mucha filosofía, dada su profesión, pero también literatura española y extranjera. Yo he podido leer a Victor Hugo y a Dumas en francés, *Sherlock Holmes* entero en inglés. En ese sentido fui un privilegiado, en otros la verdad es que no. En fin, entrar en el salón y contemplar aún sus huellas, y las de mi madre, me consolaba y apenaba al mismo tiempo. Al fin y al cabo, he escrito más de una vez que el espacio es el depositario del tiempo, del tiempo ido, que todavía flota en los lugares mientras éstos se conservan, sean una habitación o una casa, una calle, una plaza o una ciudad. Los alcaldes y alcaldesas de todas partes no tienen la menor consideración hacia los recuerdos de los habitantes, y se dedican a destruir los espacios que durante unos años les toca gobernar. Suelen ser gente sin escrúpulos y avariciosa, carne de bofetón (metafóricamente, santo cielo, todo hay que explicarlo hoy).

Por eso sé que ya no volveré a poner pie en el piso de Chamberí. No quiero verlo todo vacío y desnudo, tan distinto de como fue desde 1958 o 1959, cuando nos mudamos desde la calle de Covarrubias en la que nacimos..., hasta anteayer. Ese sitio por fin es pasado, como tantos otros, y ahora sólo me toca pensar en el que habito, en un barrio distinto, y en qué hacer con lo que allí dentro me acompaña día y noche, noche y día...

15-V-22

Cuento de Catherine del Biombo 4

Brendán Godínez le expuso su situación a Benet, sin ocultarle detalle. Éste le escuchó con atención durante un buen rato, sin apenas introducir incisos; tan sólo murmuraba de vez en cuando algo ininteligible, a mitad de camino entre «Uah» y «Beh», al tiempo que esbozaba una sonrisa entre divertida y exasperada. Tras acabar su relato Godínez, se pronunció: «En primer lugar, no sé por qué te enredas con una católica. Con la agravante de que no es una española de mi juventud, cuyo fervor era casi obligado, sino una americana de hoy. Has metido el pie en un buen charco. En segundo, has hecho caso omiso del aire innegablemente casquivano de la erudita. Al cabo de tres horas con ella me quedó claro que nada le gustaba tanto como sentirse deseada, y que esa necesidad no conocía límites. ¿Sabes si ha estado con más hombres esta temporada?». «Quiero creer que no, pero no lo puedo descartar», contestó Brendán. «En tercer lugar», prosiguió Benet, «ante la alarma de un posible embarazo, te plantea con exagerada antelación una serie de consecuencias que no dejan de ser hipotéticas, y tú vas y le admites esa hipótesis carente hoy por hoy de fundamento».

«¿Y qué hago, Don Juan?» Así solían llamarlo sus amigos e incluso sus hijos. Benet se sirvió medio whisky más, encendió otro cigarrillo, se introdujo el dedo pulgar bajo la axila como si fuera una pequeña fusta y respondió, atusándose el bigote con un peinecillo inglés: «Tú sabrás. Pero, habiendo sido yo en mi juventud tan pardillo como tú con las mujeres, sí puedo decirte lo que mi yo de ahora haría ahora; mi yo de antaño probablemente sería tan crédulo y estaría tan angustiado como tú ahora». «Me vale la opinión de tu tú de ahora, por favor.» «"Tu tú" suena fatal», pensó Godínez nada más soltarlo, pero Benet te corregía si asegurabas estar «ensimismado», alegando que eso era una incongruencia y que si acaso estarías «entimismado», es decir, «enmimismado». Mejor no entrar con él por la senda de las precisiones, porque esa era una senda sin fin. Antes de cederle la palabra, el no tan joven añadió con la confianza que le tenía: «Aunque a veces me da que tu tú actual sigue siendo ingenuo con las mujeres. No te sueles dar cuenta de nada». «¿Ah no?», respondió Benet, divertido por la impertinencia. «Puede ser, salado, puede ser que no me dé cuenta de lo mío. Pero te aseguro que de lo tuyo sí.» «Pues venga», lo azuzó Brendán impaciente.

«Esa joven erudita, por erudita que sea, no tiene ni idea de si está embarazada y lo más seguro es que no lo esté, ni de ti ni de San Juan Crisóstomo. Te está sondeando, y si te dejas llevar por ella te arruinará la vida durante unos años. No creo que ansíe casarse contigo (tampoco eres tan gran partido). Desea tantear hasta qué punto estarías dispuesto, sólo sea para inscribir otra muesca en la culata.» «¿Muesca? ¿Muesca de qué? Ya nos hemos acostado, en mala hora.» «Qué torpe eres, Godínez. Si es tan tradicional como cuentas, me malicio que sus muescas no son de Casanova femenino. Podría añadirse millares, la verdad es que es muy guapa. Sino de individuos que le han propuesto matrimonio, independientemente de las circunstancias. Un diplomático en su lista le parecerá un gran logro. Y así se lo contará a sí misma y a sus amistades de Filadelfia o donde sea: "Un diplomático español enloqueció por mí y quiso conducirme al altar". ¿Qué tal os fue en la cama? ¿Es melindrosa o lo contrario? Muchas americanas son melindrosas.» Godínez lo hizo partícipe de un detalle significativo, ante lo que

Don Juan sentenció: «¿Hacía eso? En qué perversiones incurrís los de tu generación. Pues entonces, una de dos: o le gustaba mucho la vejación o fingía como el Maligno». «¿Entonces?» Godínez anhelaba instrucciones claras. «Si yo fuera tú —el tú y el yo de ahora—, me apartaría corriendo y la metería en un avión intercontinental.» «¿Y si al final está embarazada?» «Lo mismo, y allá se las componga Del Biombo con el niño falso. Ya verás como no lo habrá.»

Brendán Godínez abandonó la calle Pisuerga convencido, y decidió caminar hasta su casa. Sin embargo, en la Castellana le volvieron las dudas. No se veía capaz de desentenderse de la criatura, a la que Del Biombo daría en adopción si él no lo remediaba. Tal vez a una horrible familia de granjeros bíblicos como la de *Sábado trágico*, una película que le gustaba, con Victor Mature y Lee Marvin. Andaba ya con prisa por llamar a Catherine cuando la vio salir del Hotel Hilton, o como se llamara en la época. No iba sola, sino abrazada a un tipo con espantosa ropa cara y aspecto de albergar un espíritu sucio, que le sonaba. Tardó unos segundos en reconocerlo: se trataba del célebre columnista Pírfano de Lerma, cuyas maledicencias devoraban los cotillas y aviesos de toda condición social. Conociendo su fama de mujeriego voraz, y aún es más, de que jamás consentía que una mujer se le acercara sin sacarle jugo sexual, no le cupo ninguna duda de que aquellos dos no venían de un salón ni del bar, ni de una rueda de prensa de él, sino de una habitación que Pírfano habría reservado y pagado, o eso era de esperar.

22-V-22

Como si no hubiera pasado

La pandemia no ha terminado, y a diario nos llegan noticias de conocidos infectados. Pero como en España los estultos gobernantes y buena parte de la población han decidido que sí, que el virus ya es agua pasada, quizá no esté de más echar la vista atrás e intentar recordar cómo era el mundo anterior al covid. Una ojeada somera indica que todas las sandeces y cursilerías que en su día se soltaron y escribieron —«Saldremos mejores», «Se nos brinda la oportunidad de reflexionar y elegir prioridades», etc.— han resultado ser, amén de sandias y cursis, enteramente falsas o erróneas. Da más bien la impresión de que casi todo el mundo, con los políticos a la cabeza una vez más, hubiera estado aguardando ansiosamente para volver a sus majaderías sin alterar una coma. Las televisiones emiten los mismos programas zafios y vejatorios, los informativos siguen siendo infames, la publicidad más abyecta que nunca —y ya es decir—, los líderes continúan a pedradas y haciendo gala de inepcia y vacuidad, las gentes han reanudado sus viejas costumbres de viajar sin ton ni son en abominables cruceros e infinitos vuelos contaminantes, de hacer fotos de platos o de sí mismas y acudir en masa a todo (porque «hay que ir») aunque no les interese lo más mínimo; las riadas de turistas han regresado para dolor de nuestras ciudades, paisajes y playas, la afición a opinar de cuanto se ignora permanece inalterable en las tertulias como en las redes, la mala baba es omnipresente sin que preocupe el daño que pueda infligirse, la mayoría lo busca con ahínco; la capacidad de raciocinio, lejos de mejorar, ha empeorado: sólo faltaba una plaga para avivar las teorías conspiratorias y el mal agüero; los bancos han aprovechado para cerrar sucursales y despedir a empleados, la Administración para convertir cualquier gestión en un laberinto sin salida, las compañías eléctricas para sacarles los higadillos a los ciudadanos modestos; la llamada «solidaridad» ha pasado a ser una mera palabra en boca de sinvergüenzas demagógicos. A mi parecer, en suma, no hemos salido de la pandemia, pero somos iguales o peores.

Hay una invasión de Putin que nos procura pesadillas pero en el fondo nos trae sin cuidado: aquí lo que de verdad importa es la Semana Santa, la Feria de Sevilla, los sanisidros, los sanfermines, el próximo puente y los 200.000 festejos populares que se avecinan con el buen tiempo. Y por supuesto las vacaciones de agosto, para las que se calientan ya los motores de las escapaditas, las cervecitas, las playitas, las paellitas, las gambitas, los bañitos, las siestecitas y los aperitivitos.

Y sin embargo... ¿No tienen la sensación de que cuanto fue anterior al virus está increíblemente lejos, mucho más que los dos años que han transcurrido? Aún es más, ¿no la tienen de que los meses de confinamiento forzoso pertenecen a otra época, tan distante que se recuerda brumosa? ¿Y los aplausos a los sanitarios desde los balcones? ¿Y Trump, que todavía gobernaba cuando se inició la peste? ¿No les parece que hace siglos de la investidura de Sánchez y del (políticamente) fenecido Iglesias? ¿Que el actual Gobierno, lejos de los dos años y medio que lleva en el poder, acumula en él más de un lustro? ¿Quién se acuerda de Iván Redondo, González Laya o Celaá, que tanto dieron que hablar (para mal)? ¿Quién de Cospedal o Sáenz de Santamaría? Es imposible que hace sólo tres años ellas y su jefe cortaran el bacalao. ¿Quién de la criminal incompetencia de Albert Rivera, que de haber sido menos vano podría ser Vicepresidente aún hoy? ¿Quién de Torra y de su afición a llamar «hienas» a los españoles y a los catalanes no fanáticos?

Todo continúa invariable, más o menos. Yo pienso, en cambio, que se rompió el hilo de la continuidad de nuestras vidas, por mucho que finjamos haberlas reanudado exactamente donde las dejamos el 15 de marzo de 2020. Que todavía vivimos en estado de *shock* y de incredulidad, artificialmente anestesiados y desmemoriados, intentando pasar por alto lo que nos ha ocurrido. Si los casi 200 asesinados en los atentados de 2004 supusieron un trauma insuperable durante mucho tiempo, ¿cómo no vamos a estar estupefactos y horrorizados por la muerte —no violenta, algo es algo— de las 100.000 o más personas víctimas del virus? ¿Qué país puede encajar eso tan alegre y frívolamente como aparentamos haberlo digerido nosotros? Qué digo «digerido»: arrinconado, arrumbado, borrado, negado. Me temo que los únicos que lo tienen presente a estas joviales alturas son los familiares de los difuntos y los admirables médicos, enfermeras y demás personal sanitario, sobreexplotados, que tantas agonías presenciaron, tantos combates entre la vida y la muerte, tanto horror y agotamiento e incertidumbre padecieron un día interminable tras otro, y que en número no escaso perdieron la salud o la vida por cuidar y salvar a sus pacientes, aunque algunos se lo pagaran con exigencias y desplantes —«Para eso están ustedes, para curarnos si enfermamos»—. Me pregunto con qué desolación ven ellos los actuales desenfrenos y farras, ahora que creemos que todo ha pasado, cuando en realidad no ha pasado.

29-V-22

Cuento del señor Cotta 4

En aquel enzarzamiento, Pírfano jugaba con ventaja contra el ufano señor Cotta. Así como la novela-*vendetta* que éste escribía trabajosamente sería leída por unos pocos iniciados en el mejor de los casos, las columnas de aquél eran devoradas a diario por más de un millón de lectores. Además, Cotta se obcecó y se entretuvo en exceso trazando el inclemente retrato del articulista con el que, siempre optimista, pensaba hundirlo a medio plazo. Pírfano, a aquellas alturas, repartía mandobles a diestro y siniestro desde su página de *El Único*. Embriagado de poder, se dedicó a pasarles factura a cuantos lo habían despreciado a lo largo de su prolongada vida gris, cuando era tan sólo un profesor sombrío. Entre las ofensas reales y las imaginarias, las manías y las envidias, amplió a velocidad de vértigo su lista de enemigos, pero con Cotta mostraba saña reiterativa. La reincidencia hizo que mucha gente se preguntara por la identidad de aquel «pelirrojo untuoso» o «patilludo primoroso», incluido el director Amatriain, que lo llamó y le dijo: «Pírfano, haz el favor de abandonar tus fustigazos contra ese diablo o aclara de quién se trata. Los lectores están intrigados y desconcertados, y cuando no averiguan lo que desean, se desentienden y se largan».

En contra de su voluntad, Pírfano empezó a llamar a Cotta por su nombre e incrementó su dureza, enfadado por verse obligado a sacarlo del anonimato que se merecía. El resultado fue el temido: Cotta se convirtió en una celebridad, como si fuera el Joker o Lex Luthor o Svengali. La gente buscó las olvidadas novelas de Cotta por ver si allí se escondía la clave. En unas semanas se vendieron más que en años, pero la gente no las soportó. Cotta, aun así, vio cómo se le abrían las puertas que lo sacarían del ostracismo, y su preocupación pasó a ser ahora cómo mantener viva la tirria del columnista, lo cual sólo era posible a través de la amante común Iris. La utilizó cada vez más como correa de transmisión: entre las estrujadas sábanas, hacía burla despiadada de Pírfano; lo tachaba de ignorante y de rapsoda de casino de pueblo. Desconocía a Gordigorski, a Witkiewicz, a Mandelstam; no había pasado de Galdós, el cursi Azorín y Cela el zafio; su prosa ni alcanzaba la gracia de Julio Camba. En suma, era un chisgarabís literario. Iris Vallarín anotaba aquellos nombres e informaba a su novio Pírfano, que acusaba los golpes (debe recordarse que desde la infancia había sido un personaje oscuro, y eso hace mella). Corría a las librerías en busca de tales autores —de Gordigorski, obviamente, no encontró nada— y se enfrascaba en su lectura dispuesto a que le parecieran todos una bazofia. Al cabo de unos días soltaba en su columna: «Cotta, que en realidad se llama Sánchez Cota —la segunda t es una mariconada extranjerizante—, se inspira en las obras de unos centroeuropeos ilegibles para darse pisto, y mastica un bodrio detrás de otro, lo cual encuentra muy literario. Deslumbra a sus amantes, antes de dormirlas, un instante; pero está destinado a figurar en los diccionarios bajo el epígrafe "Algunos escritores de la época de los que nadie oyó nunca hablar". Pobre Sánchez: tanto copiar mal a Gordimónov, a Wittkowerowski y a Mandelstern para no conseguir ni una nota propia a pie de página».

El señor Cotta necesitaba rapidez, y eso no estaba en su mano, era un novelista muy lento. De modo que ideó una manera arriesgada de vengarse, muy digna de un Borgia, pensó con satisfacción. Alternaba a Iris Vallarín con un joven llamado Bermudo que acababa de ser diagnosticado de sida, enfermedad obsesiva en aquellos años en que se creía que la contraían los homosexuales. La lascivia de Cotta era tan temeraria que cuando el muchacho le protestaba: «No, ahora no, ahora no», él, implacable, respondía: «Sí, sí, ahora sí, ahora sí». Bien es cierto que con la precaución de enfundarse siempre un condón. Tuvo su ocurrencia maligna sin caer en la cuenta de que, si resultaba, él se convertiría en asesino aproximado. (No era tonto, pero, como tantos españoles, a la vez sí era tonto.) Si extraía con cuidado el preservativo de Bermudo, lo guardaba en la nevera y se lo volvía a poner con Iris, era posible que el virus entrara en ella sin infectarlo a él —debía mirar de no colocárselo del revés—, y ella, a su vez, se lo transmitiría al abyecto, heterosexual chulesco, Pírfano de Lerma.

Siguió su plan según lo previsto, procurando que ella no viera aquella goma ya usada y algo rígida por el frío. Ni siquiera pensó que también podría causarle la muerte a la pobre Iris, todo lo que no fueran él y sus maquinaciones no existía. La noche en cuestión, sin embargo, Iris notó en seguida algo polar en sus intimidades. Al instante dio un grito, se desembarazó del señor Cotta con espanto y le preguntó: «¿Qué me has metido ahí, cacho cerdo? Eso no es, eso no es. ¿Otra de tus perversiones? Pues ya te digo que la congelación no funciona». Cotta, asustado, se deshizo rápidamente de la prueba acusatoria y balbuceó: «Ay, perdona, perdona. Es que los guardo en la nevera y aún no se han desenfriado. Me habían asegurado, por otra parte, que las bajas temperaturas multiplican los placeres». «Pues te han engañado, imbécil.»

5-VI-22

Lo tonto agota

No sé si los políticos y la prensa españoles están puerilizados al máximo, son incomprensiblemente ingenuos o desmedidamente cínicos, o si son tontos sin mayor misterio. Estas posibilidades no son excluyentes ni incompatibles. No me explico, en todo caso, que hayan exclamado al unísono que el caso de los espionajes telefónicos de Pegasus era «gravísimo» y ponía «en peligro la democracia». ¿En qué mundo viven editorialistas, articulistas, tertulianos, locutores de radio, presentadores de informativos y hasta el *New Yorker*, que comparte país con la NSA, que, como saben hasta los espectadores de cine, escucha sin cesar las conversaciones de quienes el Departamento de Defensa decide espiar? ¿Acaso no viven en España, país de brocha gorda en el que se conoce y publica cuanto está bajo secreto de sumario, al igual que las charlas informales y llenas de tacos de todo cristo, no sólo las del ex-comisario Villarejo?

Los políticos y la prensa independentistas, cierto es, se llevan la palma en lo referente a cinismo insólito. ¿Cómo no iba a espiar el CNI a los colaboradores de quienes se habían saltado las leyes y la Constitución para instaurar una república desgajada con todas las características de un régimen totalitario —releánse las llamadas «leyes de transitoriedad» del 6 y 7 de septiembre de 2017—? ¿Se imaginan que a los colaboradores de una organización delictiva no los investigaran la policía o los Mossos o la Guardia Civil? Se acusaría a estos organismos de negligencia criminal, y con razón habrían rodado cabezas. Eso es lo que exigieron airadamente esos políticos independentistas, más los podemitas, más los supremacistas vascos y demás, pero no por ninguna negligencia, sino por cumplimiento del deber. ¿Cómo es que fueron espiados, si, según los primeros, nunca han hecho nada? Pedro Sánchez, que jamás ha puesto tope a los chantajes (basta del imbécil verbo «topar»), se avino a pagar uno más y destituyó volando a una proba funcionaria, Paz Esteban, de larguísimo servicio al parecer intachable. A continuación la Ministra Robles se achantó y tuvo el cuajo de declarar que aquello no era una destitución, sino una mera sustitución «natural». ¿Natural, justo cuando se pedía a voces el sacrificio de la pobre Esteban? Por favor, dejen de llamarnos a todos idiotas a la cara. Me recordó a Colin Powell, con puntero, asegurando la existencia de armas de destrucción masiva en Irak...

Pero, más allá de esta cuestión, ¿cómo es posible que a estas alturas alguien se haga cruces y ponga el grito en el cielo por unas escuchas telefónicas? Señores y señoras de la prensa, ¿aún no saben que cualquiera será espiado si quien tiene los medios se pone a ello? ¿Que los *smartphones* por los que todo el mundo está voluntariamente esclavizado son instrumentos de vigilancia y control, como lo son Facebook, Twitter, Instagram, Twitch, Telegram, TikTok y el resto de bobadas? ¿Ignoran que, con la cantidad de cámaras que hay en las tiendas, estaciones, aeropuertos y calles, se pueden rastrear nuestros movimientos en cuanto se considere necesario o aconsejable? La policía examinará el material de esas cámaras cuando sospeche de alguien o cuando se cometa un delito en una zona determinada. ¿No se han dado cuenta de que, si intentan reservar en un hotel de Malta, al instante se les llenará el móvil de ofertas para otros hoteles de esa isla? O si miran zapatos, les lloverá publicidad de zapatos horrendos. No hace falta contratar el sofisticado sistema Pegasus israelí para averiguar lo que hablamos, vemos, compramos, vendemos, leemos, nos encanta o detestamos. ¿Cómo va a ser «gravísimo» lo que hoy es consuetudinario y normal? Claro que se habrán espiado los móviles de Sánchez, de Robles, de Macron, y hasta de Biden y Putin. Lo raro sería lo contrario.

Ni a ustedes ni a mí va a espiarnos nadie importante, descuiden. Hasta que por algún motivo o malentendido o confusión alguien con la capacidad de hacerlo decida que lo va a hacer. Entonces, no les quepa duda, lo hará retrospectivamente, porque nuestras tarjetas de crédito o visas, nuestros *smartphones*, a veces nuestros televisores, van dejando huellas indelebles. Se sabrá dónde hemos estado y en qué día, a qué países hemos viajado, con qué compañías hemos volado, qué hemos comprado y en qué comercio, qué transferencias hemos hecho y a quién, cuánto dinero nos ha servido el cajero automático. ¿Por qué creen que hay países que sopesan prohibir el efectivo? ¿Por qué los bancos nos obligan a hacerlo todo *online*? ¿Por qué cierran sucursales y ya no atienden casi en persona? (Bueno, también para despedir empleados y obtener más beneficios.) ¿Por qué se graban nuestras llamadas a una mensajería, al odontólogo, al banco, a Movistar o a un hospital? De verdad, no sé cómo nadie se puede escandalizar ni sorprender del uso que se da a la infinidad de datos que, desde hace ya un par de décadas, la mayoría brindamos gustosamente por doquier. Así que lo lamento, pero no me cabe sino insistir: ¿son ustedes tontos, o qué?

12-VI-22

Cuento del profesor Pírfano 5

Y así fue. Pese a su falta de atractivo físico, Pírfano, como tantas celebridades, se convirtió en blanco erótico para muchas mujeres, y no le faltaron polvos, en efecto, y variados. Una noche se pasaba por su casa la esposa de un financiero; otra no salía de ella una periodista que lo había ido a entrevistar; otra acababa en los lavabos de una discoteca con una «gótica» exuberante pese al negro de sus labios y sus repulsivos tatuajes que la emporcaban. Como Pírfano había atravesado muchos años de carencia, o más bien de hambre famélica, pronto se dejó de miramientos y casi cualquiera le venía bien. Resultan poco explicables el deslumbramiento y la ceguera que producen la fama o la moda en quienes son víctimas de ellas. Cuando una señora muy fina contó a sus amigas que había tenido «un galanteo» con Pírfano, una de ellas le preguntó sensata: «Vale, es un tipo ingenioso que está en boca de todos, pero ¿no te dio repelús besar esos labios que nunca sonríen, esos dientes peligrosos? Además, cuentan que siempre tiene tanto frío que va envuelto en rollos de papel higiénico sudados. ¿Eso no te dio vómitos, Piruca?». «Bah», contestó la apodada Piruca, «yo cerré los ojos y pensé que me acostaba con una firma, no con un individuo de verdad. Y oyes, no me fue nada mal».

Durante unos años su fama creció sin cesar. La sociedad idiota lo quería en sus veladas, siempre confiando en una mísera mención. Tras su primer éxito con el orinal Buen Retiro, Pírfano comprendió que aquella gente disfrutaba con las impertinencias, de modo que a ellas se dedicó. Aunque no tenía gran idea de nada, se atrevía a criticar lo que se terciara. «Vaya cuadro más moñas, ese que tenéis ahí, y encima la pincelada es basta», sentenciaba. «¿Tú crees?», le contestaba alarmado el anfitrión. «Te advierto que es un Martín Rico y me costó un ojo de la cara, salen pocos al mercado.» Y Pírfano respondía con desenfado: «Pues más bien parece un Francisco Rico, que, ojo, es un genio, pero no con el pincel. ¿Es ya académico?». En sus columnas Pírfano zahería a todos los escritores salvo a los que pertenecían a la Real Academia, a los que lisonjeaba sin distinción, desde al respetable Delibes hasta al autor de *Una muchachita de Valladolid*, conocido para el pueblo por unos programas televisivos de lengua en los que al hablar lanzaba gotículas de saliva a la cámara, claro que sin querer. Repartía elogios con tal de irse ganando votos para una próxima elección. Estaba convencido de ser el nuevo Larra, pero, a diferencia de él, no se pensaba suicidar.

A tanto llegó su fama que un día lo llamó Amatriain a su despacho y le dijo: «Ha llamado preguntando por ti Montefoscant, ya sabes, de la Casa Real. Llámalo desde aquí mismo». Pírfano cogió el aparato y se presentó con una mezcla de pomposidad y llaneza: «Aquí Pírfano de Lerma al aparato. Usted dirá». «Mire, le hablo por encargo de Su Majestad. ¿Cómo le diría yo? Está un poco decepcionado porque hace meses que no lo ha vuelto a sacar en sus leidísimas columnas.» «Bueno, es que como no he tenido ocasión de verlo, de verla, a la Majestad...» «Tampoco lo vio la primera vez.» «Ya, pero no quisiera abusar de mi invención. Si el Rey me concediera una audiencia; si pudiera ver su expresividad y oír en persona su hermosa voz, estoy seguro de que le haría una pieza para chuparse los dedos, señor Montefoschi.» «¿Cómo los dedos? No le entiendo. Y es Montefoscant, no Montefoschi. Mitad castellano y mitad catalán.» «Ah, ¿y qué significa "*foscant*"?» «No me diga que no conoce el libro de nuestro poeta Gimferrer, *Hora foscant.*» «Ah sí, no había caído, Gimferrer, un maestro como un camión, con perdón. ¿Es académico ya?» «De un momento a otro, y también será Nobel, lo verá.» «¿Nobel de Suecia? Mire, esa breva no creo que caiga. Volviendo a Su Majestad...» Hubo un silencio. «No sé si es mucho pedir. Se lo tengo que consultar.» «Hágalo, Montifosco, hágalo sin dilación.»

Un par de días más tarde Pírfano recibió otra llamada de La Zarzuela. «Su Majestad accede a su solicitud. Pero no quiere que aparezca usted por aquí, siempre hay periodistas al acecho. Mejor en el reservado de algún restaurante.» «Ah no. Para una semblanza como es debido, tengo que ver dónde vive, qué lo rodea, cómo está decorado su piso. Bueno, pisazo, supongo.» Tantas confianzas molestaron a Montefoscant. «Mire, Pírfano, no se me ponga exigente.» A aquellas alturas Pírfano estaba tan engreído que se atrevió con esto: «No, no se me ponga exigente usted a mí, señor Montifaldi o Montifrutti. Disculpe, pero no logro retener su apellido mestizo». «¿Cómo mestizo? Me ofende.» «Bueno, mulato o como prefiera. Ande, pregunte y me vuelve a llamar. Está usted para eso, ¿no? Como una puerta de vaivén.» Montefoscant le colgó sin despedirse y Pírfano dio por perdido su regio encuentro, el de verdad. «¿Qué se habrá pensado?», pensó. «¿Que Goya se desplazaba a una taberna para pintar a Carlos IV?»

El pobre Montefoscant volvió a llamar. «Mire, Su Majestad iba a proponerle un sitio muy bueno por la Costa Fleming, que le será grata a usted.» Aquella era una zona también conocida por sus varios lupanares para gente pudiente. «Pero, en fin, si se empeña, lo traeremos aquí de incógnito. Día y hora, más adelante.»

19-VI-22

Historia para los nietos

Espacio mucho mis escritos de fútbol porque sé que a la mayoría no le interesan, pero una nueva Copa de Europa para mi equipo de toda la vida bien merece una columna. En el día de la Final, se publicaron dos entrevistas que me hicieron al respecto *La Gazzetta dello Sport* y el *Süddeutsche Zeitung*, conocedores de mis colores. Y como nadie me solicitó nada parecido en España, tal vez a los madridistas de aquí les guste saber lo que dije y opiné.

Lo que más sorprendió a esos periodistas, italiano y alemán, fue mi confesión de que no estaba nervioso ante el último partido, porque el Madrid había ganado sus siete últimas finales y no pasaba nada si se perdía la presente. Podíamos permitírnoslo sin excesivo quebranto y no siempre se gana en la vida. Pero, añadí, por encima de todo estaba el siguiente factor: en esta edición de la Champions League (me cuesta escribir ese nombre hortera), el Madrid nos había regalado seis encuentros emocionantes, vibrantes, de los que crean afición séase del equipo que se sea. Eliminatorias que se veían perdidas y que, en pocos minutos —preferiblemente los últimos—, se habían ganado con un inesperado torbellino de juego y un repentino acobardamiento de los rivales que creían tenerlo ya todo a favor. No eran rivales cualesquiera, sino tres de los clubs más poderosos y antipáticos de nuestro tiempo, forjados a base de millonadas corruptas de países ajenos a la mejor tradición futbolística: el Paris Saint-Germain, propiedad de un jeque o un emir; el Chelsea, hasta hace nada de un oligarca ruso amigo de Putin el Invasor; y el Manchester City, construido a golpe de talonario por otro jeque u otro emir. Estas fortunas sin fondo llevan años desvirtuando el fútbol, y no es descartable que acaben apropiándose de todos los clubs europeos que durante más de un siglo fueron de los socios y de la gente. Bueno, a la gente de hoy eso le da igual. El Manchester City era el equivalente del Espanyol en Barcelona. Los *pericos* serían felices si pudieran alinear a De Bruyne, Gündogan, Grealish, Foden y otros y éstos fueran entrenados por un técnico de categoría como Guardiola, y encima fueran capaces de golear al Barça. El PSG había triunfado poco antes de que le metieran petrodólares en vena, y ahora están en sus filas los tres supuestos mejores futbolistas del mundo, Mbappé, Messi y Neymar. Lo mismo sucede con el Chelsea. El Madrid jamás ha sido pobre ni está limpio de turbiedades, su presidente posee una de las mayores empresas de la construcción. Pero de momento no recibe inyecciones económicas qataríes, rusas ni saudíes —no descaradamente al menos—, pertenecientes a países nada democráticos, sin libertad de expresión y que maltratan y someten a sus mujeres. En este sentido, y sólo en este, el Madrid, en esas eliminatorias agónicas, representaba los antiguos valores sentimentales del fútbol, a la vieja nobleza europea frente a los dinerales totalitarios, rusos o árabes. Que, contra todo pronóstico, superara a los nuevos y ostentosos ricos uno tras otro, ha sido tan admirable que, si perdía la Final contra el Liverpool, club bastante simpático, no cabían la decepción ni los reproches. Habría prevalecido el agradecimiento infinito por esos seis partidos «vieja escuela», de cuando el juego era en verdad una pasión.

Por si esto fuera poco, el Madrid de este curso lo formaban veteranos muy veteranos (Modric, Benzema, Carvajal, Kroos, Marcelo a ratos) y novatos sin gran experiencia (Vinicius, Asensio, Rodrygo, Valverde, Camavinga, incluso Nacho), y no ha recurrido a sus dos astros *a priori*, Hazard y Bale. No se entiende cómo los primeros aguantaron el endiablado ritmo y la velocidad de sus contrarios; cómo los segundos heredaron al instante el espíritu de Di Stéfano, del que quizá, cuando llegaron, ni habían oído hablar; cómo los terceros se han dedicado a la vida contemplativa sin pestañear, y aun así el Madrid es Campeón de Europa por decimocuarta vez. A Benzema habría que erigirle una estatua en Chamartín, lo mismo que a Modric y a Courtois y por supuesto a Ancelotti, y, si se optara por un grupo escultórico, en él debería figurar el resto. Ancelotti es hombre educado, sereno y discreto que, con la inestimable contribución de Zidane en los años previos, ha conseguido borrar el venenoso y engreído recuerdo de Mourinho, tan malo y tan indigno del Madrid.

No creo que haya edición de este campeonato más meritoria, inexplicable y preternatural, en la que a un equipo de «viejos» y noveles le cayeran en suerte sucesivamente los contrincantes más poderosos y difíciles del continente, y los eliminara, uno tras otro, con efervescencia y arrebato, cuando las certeras casas de apuestas (les conviene, por las cantidades que mueven y se embolsan) no daban un penique por él, ni siquiera en la Final. El Madrid tiene infinidad de defectos, pero posee una virtud que causa estupor: no se lo puede matar más que vaciando el cargador, rellenándolo de nuevo y volviéndolo a vaciar. Lo ocurrido en el Madrid-Manchester City hube de ponérmelo cinco veces para comprenderlo, y aun así no lo he logrado. Corría el minuto 89 y el Madrid necesitaba no un gol, sino dos, para alcanzar la prórroga. En el 90 ya la había alcanzado, y el resto es historia para los nietos.

26-VI-22

Cuento de Catherine del Biombo 5

No se escabulló Godínez con vistas a pillar más tarde a Del Biombo en una gran mentira, sino que, como un marido cornudo de principios de siglo, se aproximó a la inesperada pareja. Catherine, al verlo, se zafó del brazo que Pírfano le pasaba por los hombros y le sonrió como si nada. El columnista no conocía a Brendán, pero por la cara airada de éste lo adivinó y se mantuvo un poco por detrás de la erudita, por si acaso. Godínez no se explicaba su propia actitud: estaba deseando perder de vista a Del Biombo, y nada mejor para eso que encasquetársela a otro, aún mejor si se trataba de un sujeto al que despreciaba literariamente. Y sin embargo juzgó que la erudita espectacular todavía era su novia o algo similar, y que mientras no cortaran su relación formalmente, era inadmisible que ella saliera de un hotel de lujo en compañía masculina, por así decir. También pensó que llevaba en sus entrañas un hijo suyo, cuya previda habría sido violentada por un coito repulsivo. Así que a sus traicioneros labios acudió esta estupidez:

«¿No te da vergüenza? Estás embarazada y aun así vienes de una habitación con este tipo. ¿Qué crees que habrá pensado la criatura? Que si su madre hace esto cuando aún no ha nacido, qué no hará en el futuro. Te imaginará capaz de dejarla sola en su cuna y largarte...» Dudó. «A la bolera.» Brendán seguía guiándose por los lugares comunes de las películas americanas, en las que los personajes frívolos juegan a los bolos cada atardecer. «No estoy embarazada. El retraso ha llegado a su fin.» Brendán no supo si abrazarla de alegría o qué, porque sintió que le levantaba un terrible peso de encima, como nunca había experimentado en su saludable y joven vida. «¿Y cómo no me lo has dicho en seguida?», le reprochó. «Lo acabo de saber. He ido al lavabo y entonces lo he comprobado.» Esto lo dijo en inglés para que Pírfano no lo entendiera. Y así era, porque el profesor teórico de la traducción sabía leer en varias lenguas, pero estaba negado para hablarlas y entenderlas. Era capaz de comprender a Proust en francés y las tres novelas finales de Henry James en inglés, pero si alguien lo saludaba con un simple «*How do you do?*», se quedaba mudo, porque esa frase, pronunciada, no podía asociarla con la misma frase escrita. En todo caso, al observar la gruesa vena que a Brendán le había brotado en la frente, y percatarse de que su constitución era atlética, la cobardía que lo había acompañado desde la infancia se impuso a todo y se apresuró a dar explicaciones:

«Oye, chaval», le dijo fingiendo condescendencia, «no malinterpretes. Venimos del bar, donde Catherine me ha hecho una entrevista de alto nivel». Desde su columna era un chulo verbal, pero la violencia o su amenaza le infundían pavor. Nada más decir «chaval», se arrepintió, por si lo siguiente era un guantazo del atlético venoso. Éste no se dignaba dirigirle la palabra, pero se le escapó: «Ya, horizontal la entrevista, ¿no? O vertical pero en el lavabo, anda ya». Se volvió a su novia no preñada: «¿Qué, te vienes conmigo o te quedas con ese chincharelo?». Catherine le tomó la mano y echaron a andar hacia la glorieta de Castelar. Al alejarse volvió la cabeza y con un dedo le hizo a Pírfano el gesto de «Luego te llamo».

Una vez los dos a solas, en una cafetería de la calle Miguel Ángel, Brendán no pudo evitarlo: «Te he visto hacerle el gesto del teléfono, no te creas que no». «Claro», respondió ella. «Para disculparme por la escena. Eres un malpensado. Claro que lo he entrevistado. Su éxito constituye un caso, es excepcional, y es un hombre interesante.» Godínez estalló: «¿Cómo te van a interesar a la vez Benet y ese plumífero? Son incompatibles. Y ni me habías dicho que leyeras a ese plagiario». «¿Tengo que informarte de lo que leo? Me gusta estar al día de la literatura española, y ese columnista es un fenómeno, eso es innegable. Ya hay trabajos de profesores muy serios sobre Nicolás.» «Ah, Nicolás, qué intimidad, cuando la mayoría de la gente ignora su nombre de pila.» Hubo un prolongado silencio hasta que ella lo rompió: «¿No tienes más que decirme? ¿Sólo vamos a hablar de Lerma?». Godínez se acordó y el rostro se le iluminó. «Entonces, ¿seguro que no estás embarazada?» «Tan seguro como que he tenido que pedirle a un botones que se acercara a una farmacia. Menos mal que conocía a Lerma y ha ido como un rayo. Iba a ponerlo todo perdido. Veo que te alegras.» «Pues sí, la verdad. ¿Tú no?» Catherine se besó los dientes con aquel gesto que lo irritaba y contestó: «Un poco sí y un bastante no. Si te soy sincera, no descartaba que eso nos llevara a casarnos, antes o después». Intentó poner una mirada amorosa —a sus ojos azules raros no les salió bien— y añadió: «¿Sabes? Creo que estoy enamorada de ti». Brendán volvió a asustarse y estuvo a punto de telefonear a Pírfano en el acto para echarla en sus brazos y pedirle mil perdones. Encendió un cigarrillo para pensarse un poco una respuesta que no dejara lugar a dudas y tampoco resultara ofensiva. La pesadilla había regresado y a la vez se sintió complacido.

«Yo no lo creo, en cambio. Eso, eso, eso... Eso es demasiado decir.»

3-VII-22

Libros sin Feria

Si no me equivoco, este ha sido el cuarto año en que no he ido a la Feria del Libro del Retiro. Las razones de mi ausencia son en parte conocidas por todos —plaga, covid— y las que no, pertenecen al ámbito personal, el cual, en contra del impudor generalizado, me parece bien guardar para mí sin dar la pimporrada a los demás. Lamento no haber estado presente por los posibles lectores interesados, pero desde mi primera asistencia en 1971, cuando era autor novel, creo haber cumplido con creces. He dedicado ejemplares hasta aburrir, y procuré no limitarme a dedicatorias escuetas y repetitivas. He llevado cartuchos de repuesto, y las más de las veces he debido recurrir a ellos. Encima soy zurdo, y los libros están diseñados para diestros. Uno ha de hacer un pequeño esfuerzo para abrirlos, introducir la mano y garabatear sin correr la tinta con el dorso. Esto me sucede desde los cuatro años, cuando empecé a saber escribir.

A lo largo de tantísimo tiempo he atravesado todas las fases. En 1971 nadie me conocía, así que firmé tan sólo los ejemplares que familiares y amigos me llevaron hasta allí. Mucho más adelante, en los ochenta, compartí caseta con colegas como Pombo o Azúa, los dos tan competitivos que no se limitaban a llevar la cuenta de lo que firmaban ellos, asimismo de lo que firmaba yo; y si veían que los adelantaba en el cómputo, Pombo, sobre todo, no tenía reparo en cantarles a mis peticionarios las excelencias de sus propias obras, con mi plena colaboración: «Sí, hombre, llévese uno de Pombo, que lo pasará usted muy bien». En esa clase de actividades, nunca me ha importado «perder». Fueron sesiones divertidas, y tampoco vendíamos ninguno más allá de la quincena o la veintena. Compartir caseta tiene pros y contras.

Entre éstos, haber asistido involuntariamente a escenas sonrojantes. Recuerdo a un escritor muy delicado y «sensible», cuyo público eran casi exclusivamente mujeres, que antes de empezar, y tras contemplar la larguísima cola que él había propiciado con retrasos varios —que si me falta el boli que me gusta, que si me he mareado—, se enfrentaba por fin a ella mascullando: «Vale, a soportar a las petardas. A la que se ponga pelma o guarra, despachadla sin más». Otros colegas hacían un dibujito a cada lector para que todo se demorase y su cola aumentara hasta resultar envidiable. Grandes autores veían cómo a su lado una celebridad televisiva, musical o «youtúbica» estampaba su nombre sin parar mientras ellos lo hacían con cuentagotas; poseían elegancia y deportividad: ni se quejaban ni maldecían ni se largaban a la media hora. Se comportaban con impecable flema. No me ha faltado ver cómo otros menos grandes, pero populares, le escribían su teléfono a una mujer agraciada, con inconfundible intención. En estos tiempos pacatos eso les costaría una ristra de denuncias por «violación dedicatoria» o algo así.

A lo largo de los años la inmensa mayoría de la gente ha sido muy amable conmigo, e incluso de esas firmas surgió alguna amistad por la que doy gracias a los cielos. Pero ha habido personajes algo abusivos: un señor portugués me traía seis o siete libros el sábado, y otros tantos el domingo. Yo ya lo trataba con ironía: «Pero, hombre de Dios, ¿todavía le quedan sin dedicar? Yo no he escrito tantísimo, esto no cuadra». Un español hacía otro tanto, pero además me exigía que en cada uno pusiera la fecha exacta y el lugar, era la historia de nunca acabar. Tampoco han escaseado los que aprovecharon tenerme delante para rociarme de insultos, que, en fin, encajé. Estoy seguro de haber contado en otra columna* que una joven me plantó, para firmar, primero la Biblia —me excusé alegando que eso no lo había escrito yo— y luego una bomba fétida —argüí lo mismo, y añadí: «Mejor fírmela usted»—. A mi amigo Pérez-Reverte lo ha agredido en más de una oportunidad una lectora argentina. Una vez le rompió el vaso de agua que estaba a mano y él se cortó. Tras el revuelo, continuó a lo suyo —no por nada es Capitán—, eso sí, dejando un piratesco rastro de sangre en cada página. A algunos individuos que se alargaban me he visto obligado a hacerles poco caso, por lo que me disculpo. No me preocupaba gastar mi tiempo, sino el de quienes iban detrás de los verbosos y llevaban buen rato aguardando su turno.

Sólo me resta disculparme por mi ausencia de estos años, y lo hago de buen grado. Pero es muy posible que se prolongue. Estoy cansado, no de los lectores sino de mí mismo, tras cinco décadas de repetición, del mismo modo que me he aburrido de hablar de mis libros, están ahí y ya está. Mis entrevistas serán —ya son— escasas. Mis apariciones públicas están casi terminadas. Desde la infancia —mi padre era aficionado a las cámaras— detesté ser fotografiado, no digamos filmado; de eso tampoco habrá más —hay imágenes de sobra— tras tantísimos años de someterme a sesiones durante las que uno sólo sabe poner cara de palo. Y si estas decisiones pueden parecer arrogantes o desdeñosas, les aseguro que no lo son. Al contrario, guardo gratitud infinita a todos mis pacientes lectores. Con Biblia o sin ella.

10-VII-22

* En el artículo titulado «Cuento de la poderosa con bombas»; recogido en *Ni se les ocurra disparar* (Alfaguara, 2011). *(N. del E.)*

Cuento del señor Cotta 5

Aquella maquinación criminoide resultó un desastre para Cotta. Perdió su nexo con el archienemigo, porque Iris Vallarín no quiso saber más de él. Y como la joven decidió que ya estaba bien de aventuras con individuos de mediana edad, abandonó también al columnista, igualmente dado a prácticas raras sexuales. «Que se busquen travestis para sus guarradas», pensó, y recuperó a un novio joven al que había descuidado. Sin la intermediación de Vallarín, que transmitía a uno y a otro las maldades de cada uno acerca del otro, Pírfano se apaciguó y pasó varios meses sin mencionar ni aludir a Cotta. Además, ya se había creado muchos contrincantes y casi no daba abasto en sus arremetidas. Amatriain, el director de *El Único*, le exigió que se moderara, y aún era más, que se abstuviera de ataques a escritores que poca gente conocía, porque los lectores se aburrían, por ingeniosas y malintencionadas que fueran las acometidas.

Cotta, por su parte, que consideraba su obra exquisita, revolucionaria y a la altura de Proust, la cocinaba a fuego muy lento. Tampoco le dedicaba demasiado tiempo, y, como gozaba de un amplio colchón económico (Juan Díaz, que negoció la compra de su editorial, le bajó los humos pero tampoco fue avaro, un hombre justo), era víctima de la apatía. Era simpático, hiperactivo y adulador, y su continua frecuentación de actos sociales y de clubs especializados hasta la madrugada no le bastaba contra sus horas de abulia. Necesitaba urdir, tramar, conspirar, siempre con vistas a su beneficio último, o a su popularidad o a su prestigio. Él seguía queriéndolo todo: por un lado, grandes éxitos y ventas; por otro, una apreciación creciente entre los críticos y los entendidos que al cabo de veinte años lo condujera a las ceremonias de Estocolmo. Él no renunciaba a nada. En el segundo terreno, comprendió que debía ser traducido al mayor número de lenguas, pero sobre todo al inglés, al francés, al alemán y al sueco. Puso a su agente literaria, Neus Klossowski (la había elegido por el distinguido apellido), manos a la obra, pero fue cosechando negativas de las casas extranjeras. Pidió ayuda melosamente a un par de colegas que tenían mejor encauzadas sus carreras internacionales. Uno se la negó y él le juró odio eterno. El otro, a fuerza de dar la tabarra, logró que su editorial portuguesa contratara un título de Cotta. Éste se le quejó, pues todo le parecía poco. «Lo siento», le contestó el buen colega, «pero en otros países no hay hueco para tus delicadezas literarias herméticas».

Cotta se desentendía rápido de lo que no salía según sus deseos, así que aparcó esta faceta y caviló sobre alternativas. Una vez que había cruzado la raya y había estado dispuesto a cometer un asesinato absurdo y en diferido, pensó cómo podría ultimar a Pírfano y quedar impune. Se le ocurrieron dos ideas, pero eran difíciles de llevar a cabo. Y de pronto se le hizo la luz: se haría amigo de él. Optimista siempre, restó importancia a sus desprecios por amante interpuesta: eso era reversible al ser el columnista personaje vanidoso y originalmente acomplejado. Lo sabía perfectamente porque, con matices, él era ese tipo de personaje, y si alguien lo halagaba, se contentaba tanto que en seguida —momentáneamente— le perdonaba los agravios pretéritos.

Cotta, que procuraba tocar todas las teclas, se había hecho con una columna bisemanal en un diario minoritario y culto, que aún no gozaba de muchos lectores, pero unos cuantos bastaban para que la voz se corriese. Desde su sección recóndita empezó a adular a Pírfano. Como éste en efecto plagiaba, e introducía en sus artículos citas calladas de Rubén Darío y cien más, Cotta le elogió el manejo valleinclanesco del idioma, las ocurrencias dignas de Gómez de la Serna, la imaginería de Rubén y la potencia del estilo quevedesco. No soltó sus lisonjas de una tacada; las fue dosificando; fue elevando el tono; y concluyó con una frase lapidaria: «Las inclasificables piezas del Maestro Pírfano de Lerma nos obligan a afirmar que la mejor literatura actual se está escribiendo en los periódicos. Hay brío y brillo, hay invectiva y poesía, emoción y lamento y elegía». Estas palabras fueron saludadas con alborozo por los mil articulistas del país, que en seguida se convencieron de cuán ciertas eran. Y aunque la loa se centrara en Pírfano, repitieron hasta la saciedad la última parte de la sentencia, que acabó convertida en un lugar común e idiota de la época. Y claro, llegó a oídos de Lerma; de hecho ya le habían llegado las alabanzas anteriores de Cotta, que lo desconcertaron mucho al principio. Luego quiso creer que aquel enemigo acérrimo no sólo no le guardaba rencor, sino que, como hombre ilustrado que sin duda era, había recapacitado y se había rendido a su grandeza. Gertrude Stein no andaba errada cuando declaró que un escritor sólo necesitaba tres cosas: elogios, elogios y elogios. Claro que ella, desde su muerte, no es que haya recibido demasiados. Así se paga ser temida en vida.

Pírfano indagó entre sus numerosísimas amistades y manifestó su deseo de conocer a Sánchez Cota en persona. «Ese medio marica no ha triunfado», dijo, «pero posee tino literario».

17-VII-22

Aurora

Lleva viniendo a mi casa más de veintisiete años, lunes, martes y viernes, desde que vivo aquí. Que yo recuerde, sólo ha faltado tres veces, obligadas: por el confinamiento (yo lo pasé en otro sitio, así que no pude echarla de menos); por la nevada que paralizó Madrid durante dos semanas, lo cual demostró la radical incompetencia del alcalde Almeida y de la Presidenta Ayuso; por último, meses atrás, cuando sufrió un percance raro y hubo de ser hospitalizada; y de ahí la intervención actual. La llamo cada dos o tres fechas para saber cómo evoluciona y cómo está, y me contesta que se encuentra bien y que la operación fue satisfactoria, al parecer. Es alguien con un carácter envidiable. No lo pasó bien en la infancia ni en la primera juventud, ha sufrido pérdidas importantes, como todo el mundo, y su vida no está exenta de problemas. Su matrimonio sí ha sido feliz, con un marido, Mariano, que la quiere por encima de todo; con un hijo y una hija y ahora tres nietos pequeños que, como resulta frecuente, adoran a su abuela y buscan su compañía. En su caso no es de extrañar, porque su personalidad alegre y risueña invita a acercarse a ella. Acostumbra a tomarse los reveses con buena cara, y a preocuparse lo justo. Cuando llega un sinsabor, lo afronta, pero no se pierde en anticipaciones pesimistas o temerosas, como lamentablemente hago yo y también quien me recomendó a Aurora en su momento (se la «robé») y es todavía una presencia cotidiana en esta casa, Mercedes, de la que asimismo he hablado con agradecimiento y cariño más de una vez. Huelga añadir que, cuando coinciden, se llevan muy bien. Pero es Aurora la que anima a Mercedes cuando ésta precisa de ánimos.

Sin embargo Aurora no es maternal. A buen seguro lo será con los suyos, pero no va esparciendo su protección así como así. En todos los años que me ha acompañado, jamás la he visto abatida ni quejosa, siempre está de buen humor. Y eso que podría quejarse: a medida que pasaba el tiempo, se ocupaba de más asuntos míos, y ahora que me falta desde hace semanas, me doy cuenta de cuánto dependo de ella y cuánto le he de agradecer. (Pese a que mi amabilísima portera, Lola, y su hermana Marimar, se prestan a sustituirla en algunas de sus tareas durante esta baja forzosa. Mil gracias a ellas dos también.) Pero miento: no es que antes no me diera cuenta, en absoluto, de cuán esencial me es. Siempre me admira que, si le pido algo que escasea o difícil de encontrar, acaba consiguiéndomelo, sean cintas de máquina, unas pastillas muy buenas para la garganta que apenas hay en farmacias, un chocolate en especial. Hasta logra dar con productos que por lo visto se han dejado de fabricar, por ser excelentes, supongo. Apenas tengo que encargarle las cosas habituales, ella está al tanto de lo que empieza a faltar. En suma, es una joya para lo práctico y para lo que no lo es.

Desde hace más de veintisiete años, y dado que Aurora, aunque de lejos, viene tan temprano que yo todavía no estoy despierto ni «vivo», le dejo una nota con los buenos días y los recados de la jornada. Raro es que a la vuelta de mi paseo, cuando contesto correspondencia o me pongo a escribir, no esté todo ya en su lugar. También atiende a los desperfectos o averías y se encarga de convocar al fontanero o a quien sea menester. Pero, más allá de todo esto, su presencia es una continua fuente de jovialidad. Ella y Lola (y su antecesora Juliana) me piden leer estas columnas, y la de hoy hará ruborizar a la primera, pero no le desagradará. Tantas veces, a lo largo de décadas, me he considerado un hombre afortunado, porque la mayor parte de las personas que me son queridas y próximas —mi mujer Carme, Mercedes, Aurora y Lola, mis amigas Daniella y Julia, mis amigos Eric y Tano— son inteligentes, vivaces y bienhumoradas. Y eso, hoy en día, es un regalo en verdad escogido.

Que a Aurora se la quiere bien me ha quedado clarísimo estas semanas: los dueños y dependientes de las tiendas en que suele comprar me preguntan sin cesar cómo está, me dan sus recuerdos y le desean sinceramente —lo percibo— una veloz recuperación. Probablemente ella sea una de las alegrías de este barrio, tan enviciado y horadado por las huestes de turistas que se han apropiado de él, de nuevo ante la pasividad del alcalde, al que nada importa que se vacíe de vecinos y de tiendas con sabor. Sólo la caja.

En fin, qué más añadir. Con ese carácter indestructible suyo, estoy seguro de que Aurora se recuperará del todo. Me dijo hace poco por teléfono que ya estaba aburrida de no venir a casa. ¡Y se compadeció de mí! «Ay, pobre, qué faena te he hecho.» «¿Pero qué dices, Aurora?», le respondí. «Faena la que te ha tocado a ti. Yo ya me voy arreglando.» Esa es Aurora: desde su cama de convaleciente, anda preocupándose por los demás.

24-VII-22

Cuento del profesor Pírfano 6

Pírfano se dio por satisfecho con aquella concesión, sintió que había hecho capitular al mismísimo Rey de España. Además, no tenía coche, y dado que La Zarzuela distaba unos cuantos kilómetros de la capital, se le antojó que presentarse allí en un vulgar taxi supondría un desdoro para él. Seguro que Montefoscant le habría enviado un chófer, pero tampoco le gustaba la idea de ir de incógnito y quizá sin aviso previo. Así que respondió: «Bien, quedemos en el local de Fleming. No quiero que Su Majestad se me ponga de mal humor». «Su Majestad no está jamás de mal humor con ningún español. Ellos no deben pagar sus sinsabores, que algunos padece, como todo el mundo.»

Pírfano apareció con puntualidad en el restaurante Alexis G, que por entonces estaba de moda y disponía de reservados. Es sabido lo que ocurre con ellos: los camareros que sirven, si ven a alguien muy famoso, lo cuentan en seguida al resto del personal, y éste a la clientela de confianza. En cuanto vieron que aquella mesa la componían el Rey y el célebre columnista y dos pájaros más, se corrió la voz, y aquello se convirtió en un incesante desfile de personas con los más variados y peregrinos pretextos. «Hay que ver, Pirfanito.» El Rey tutea a todos y se permite familiaridades. «Qué popular te has vuelto. Otra vez que estuve aquí me dejaron más en paz, este revuelo ha de ser por ti. Eres más conocido que yo.» Pírfano, pese a sus exigencias con Montefoscant, estaba cohibido en compañía del monarca. Él era alto, pero el Rey más. Y rubiáceo. Y aunque no era bien parecido, daba el pego porque sonreía a menudo. «No diga locuras, Señor. Nadie es más conocido que Vos.» Montefoscant, allí presente, le había dicho cuál era el tratamiento, pero Pírfano se había hecho un lío y alternaba el usted y el Vos. (Mal los dos.) El Rey, tras unas bromas, fue al grano: «Mira, Pirfanillo, mi cara es muy conocida, pero nadie sabe cómo soy, ni lo sabrá si los únicos cronistas que dejen testimonio son periodistas viperinas sin imaginación. Tú, sin haberme visto, me has imaginado bien. Si me fueras sacando en tu sección de tarde en tarde, creo que los españoles de hoy, y los historiadores de mañana, me verían con la simpatía y el sentimiento trágico que suscitan los personajes de ficción. Tragedias ha habido en mi vida, la última en el 81, ya sabes. Mira con qué apasionamiento sigue la gente las series de televisión, *Dallas* y *Dinastía*. Ojo, yo, si puedo, no me pierdo un capítulo. Y qué guapa es la mala, ¿no? Esa ya no cumple los cuarenta, pero...». Se interrumpió ante una mirada censora de su valido, y, se revolvió contra él. «Oye, Oriolic, si no me vas a dejar hablar con libertad te mandaré a la cocina a hacerme un huevo frito, vale ya.» Se lo dijo amigablemente y con una palmadita afectuosa. Montefoscant, que peinaba un pelo tan plateadísimo como un casco nuevo medieval, debía de estar acostumbrado y no se inmutó. En eso se abrieron las cortinas protectoras y se colaron dos mujeres llamativas. «Ay, perdone Su Majestad, pero es que lo queremos tantísimo que hemos dado esquinazo al encargado. No se enfade con él. ¿Un autografito, por amor de Dios?»

Pírfano las caló en el acto. Tenían toda la pinta de ser fulanas de alto *standing*, como se decía entonces, que se habían acercado a almorzar allí donde efectuaban su ojeo y sus rondas desde el anochecer. El Rey no logró reprimir una mirada admirativa y les firmó en unos papelitos que traían *à propos*. Cuando salieron agradecidas, Pírfano creyó oportuno advertírselo, ya que Montifiori parecía tan en Babia como él, y el otro individuo —¿un guardaespaldas?— miraba a todas partes como un enajenado sin abrir la boca. «Majestad, ojo con esas. Si llega a haber un fotógrafo, mal asunto para Vos.» «¿Y eso por qué?» «Son prostitutas de alto copete, de las de banqueros, políticos y así. Imagínese que sale en la prensa departiendo con ellas.» «¿Prostitutas? Anda ya. ¿Cómo van a serlo esas damas tan bien vestidas? ¿Te has fijado en su calzado? Digno de princesas, te lo digo yo.» «Es que son de alto rango, os insisto a Vos. ¿Sabe lo que se pueden sacar por jornada?» «¿Cuánto? A ver.» La cifra apuntada por Pírfano lo llevó a lanzar un silbido. «¡Caracoles, Pirfanico!» Era como si hubiese aprendido sus interjecciones en el *TBO* y el *DDT*. «Pues más nos valdría cambiar de oficio, a ti y a mí.» Se puso caviloso y añadió: «O sea que hay españoles que ganan al mes más que yo...». «De esos hay a patadas, Majestad.» «Mecachis.» Esta vez el Rey no lo dijo con signos de admiración, sino como si se hubiera quedado pasmado ante la obvia realidad.

El almuerzo discurrió agradablemente, el monarca creaba comodidad. Fue breve, sin postre, porque Montefoscant lo apremiaba con sus miradas. Se despidieron en el reservado para esquivar a los curiosos si salían juntos a la calle. «Pues nada, Pírfano, repetiremos. Pero lo de hoy no lo cuentes. La verdad. Tú inventa, que eso es siempre más lucido y a ti se te da fenomenal.»

El profesor Pírfano, orgulloso del encargo, se quedó un buen rato a la mesa, él sí pidió postre y copa. Lo que no esperaba era que le trajeran la cuenta. «Vaya, un pufo regio», pensó al sacar la cartera. «Bueno, todo sea por este pobre que gana menos que las putas de lujo.»

31-VII-22

El más verdadero amor al arte

Si hay una actividad que echo de menos, esa es la traducción. La abandoné hace ya décadas, con pequeñas excepciones (un poema, un cuento, las citas de autores ingleses y franceses que aparecen en mis novelas), y nada me impediría regresar a ella, salvo mis propios libros y lo mal pagada que sigue estando esa labor esencial, sin duda una de las más importantes del mundo, no sólo para la literatura; también para las noticias que llegan, los descuidados subtítulos de películas y series, el bastardo doblaje de hoy, los avances médicos, las investigaciones científicas, las conversaciones entre los gobernantes... Pero la que yo añoro es la literaria, a la que dediqué casi todos mis esfuerzos. Siempre he sostenido que se parece tantísimo a la escritura que es agotador compaginarlas. La «única» diferencia es la presencia de un texto original al que uno ha de ser fiel —pero no esclavo de él—. Ese original ofrece inconvenientes y ventajas. Entre los primeros, que uno nunca es *muy* libre —pero sí bastante— porque debe reproducir lo mejor posible, en su lengua, lo que en las suyas escribieron Conrad o James, Proust o Flaubert, Bernhard o Rilke; es decir, uno no puede inventar. En una novela sí, de la primera a la última línea, hasta el punto de que a veces uno no sabe cómo continuar, y es entonces cuando desearía disponer de un original que lo guiara y le dictara siempre lo que le toca poner. El texto original, como la partitura musical, está ahí y es inamovible, aunque tanto el traductor como el pianista tengan amplio margen de elección. La dicción, la preferencia por un vocablo o su descarte, el *tempo*, el ritmo, las pausas, son responsabilidad de ellos. Y pueden destrozar una obra maestra, eso también.

A menudo recuerdo, a la vez con sudores fríos y enorme placer, mis meses o años empleados en traducir los tres textos más difíciles de mi vida: *El espejo del mar*, escrito en el fantástico pero extraño inglés de un polaco; *Tristram Shandy*, obra monumental del siglo XVIII no menos laberíntica que el sobadísimo *Ulysses* de Joyce; *La religión de un médico* y *El enterramiento en urnas*, de Sir Thomas Browne, sabio inglés del XVII con una prosa tan majestuosa como sublime como alambicada, que suscitó la admiración incondicional de Borges y Bioy. Ante ella me rendí: no me sentía capaz de proseguir. Al cabo de unos meses, pensé que era una lástima que los lectores de lengua española se quedaran sin conocerla y, con renovado brío, reanudé y concluí la tarea. ¿Por qué me importaba tanto el conocimiento de esos lectores, que en ningún caso iban a ser cuantiosos? Ni yo lo sé. Sencillamente juzgué que esa maravilla merecía existir en mi idioma, aunque fuera para disfrute y provecho de unos pocos curiosos.

Algunos traductores no viven de la traducción —los que sí, pobres, se ven obligados a empalmar trabajos malos, regulares y buenos, y a acabarlos todos a gran velocidad—. Los primeros poseen un superfluo y desinteresado sentido del deber para con sus compatriotas. Si pensamos en la primera traducción del *Quijote*, del dublinés Thomas Shelton y de 1612, sólo siete años después de su publicación en español, ¿qué tuvo que impulsar a aquel hombre para embarcarse en una novela española, larga y nada fácil, de un completo desconocido? Lo ignoro, pero cabe imaginar que Shelton fue tan generoso como para no querer privar a los demás irlandeses ni a los ingleses del placer que él habría experimentado durante su lectura en castellano. Si alguna vez fue adecuada la expresión «trabajar por amor al arte», es para la labor de esos traductores. Al fin y al cabo, un escritor alberga la esperanza, por remota que sea, de vender mucho y triunfar. Al traductor nunca lo aguardan tales glorias, y aún hoy bastantes editoriales se permiten no poner su nombre en la cubierta, como si Ali Smith o Zadie Smith no hubieran necesitado de un concurso. Y si hablamos de emolumentos, es para echarse a llorar. ¿Cómo va a pagarse igual una versión de Dickens que una del enésimo chisgarabís americano actual? Y sin embargo así sucede. Hay editores que se han hecho de oro merced al trabajo de un traductor, al que retribuyeron con una rácana tarifa por página y se acabó, mientras el título en cuestión vendía cientos de miles de ejemplares *en español*.

No sé, sí: también una hija puede cuidar a su madre por el amor que le profesa, pero eso no obsta para que su ímproba dedicación se vea remunerada, sólo sea para que no se muera de hambre mientras renuncia a ganarse el sustento con un empleo. Desde ese punto de vista no puedo sentir nostalgia de mis años de traductor. Me ha ido mucho mejor con mis novelas. He gozado de una inmensa suerte que poco tiene que ver con el mérito ni con el talento. Y aun así, aun así... Recuerdo cómo me satisfacía y emocionaba «reescribir» en mi lengua un texto mejor que ninguno que yo pudiera alumbrar, como fue el caso de mis tres traducciones mencionadas. Leer, corregir y releer cada página y pensar (siempre sujeto a equivocación, uno es mal juez de lo que hace): «Sí, sí, así lo habrían escrito Conrad, Sterne o Browne de haberse expresado en español».

11-IX-22

Este libro se terminó
de imprimir en
Casarrubuelos, Madrid,
en el mes de
septiembre de 2025

«Marías es sencillamente asombroso». Ali Smith

«Javier Marías es un escritor maravilloso». John Banville

«Quien no lea a Marías está condenado». *The Nation*